中国教育的思想遗产

回望

汉唐

郭齐家 著

教育科学出版社

·北京·

目录

1

公元前 221 年，秦灭六国，建立起我国历史上第一个统一的多民族的专制主义中央集权的封建大帝国，从此我国历史进入了一个新的时代。

　　从秦开始，中经两汉三国、魏晋南北朝，直到隋唐，是我国封建社会的前期阶段，社会政治、经济、思想、文化、教育的发展都历史地形成了某些阶段性的特征。

　　自秦以来，各朝代为巩固政权而营造新的上层建筑，选择自己的统治思想及其理论重心，经历了一个历史的曲折过程。秦代的"以法为教，以吏为师"、"颁挟书令"以至"焚书坑儒"，终于失败了。汉初统治者吸取教训，适应现实政治需要，暂时采取了黄老之学的新道家思想作为"治国安民"的指导方针，取得了"文景之治"的实际效果。然而由于多方面的原因，统治者不能长期处于"无为"状况，标榜"无为而治"的黄老之学，显然很快就不适应形势发展的需要了。汉代为了巩固自己的统治，需要强化整个封建主义的上层建筑，特别需要在意识形态领域内形成统一的维护封建专制主义的思想理论体系。于是以先秦儒学为中心，吸取黄老之学，糅合阴阳、名、法各家思想精心构成的新的儒学体系应时而生了。汉武帝采纳了董仲舒的建议，"罢黜百家，独尊儒术"，从此新的儒术定为一尊，儒家代表作被定为"经学"，朝廷立五经博士，开创太学，改革选士制度，培养与选拔掌握儒术的人才，充实官吏队伍，倡导学者研究儒经，逐渐形成了汉唐时期的经学教育。

汉唐时期的教育思想有自己的特色，一方面，正统经学教育思想家企图改造先秦遗留下来的文化学术及教育思想，使之适应于时代的需要；另一方面，"异端"学者也在不断吸取先秦遗留下来的文化学术、教育思想的优良传统，使之发扬光大。西汉出现了正统经学教育思想家董仲舒的教育思想，东汉出现了"异端"学者王充的教育思想；魏晋之际出现了"异端"学者嵇康具有玄学特色的教育思想以及道教"丹鼎派"学者葛洪的教育思想；南北朝之时出现了颜之推的教育思想，而颜以家庭教育思想为其特色；隋唐时期出现了王通、慧能、韩愈、柳宗元等人的教育思想，他们的教育思想反映了隋唐时期教育思想的特色，也预告了宋明理学教育思想兴起的必然。

以下我们就汉唐时期各具特色的教育家们的教育思想作些分析和介绍。

第
一

董仲舒的教育思想

一、生平及政治、哲学思想

董仲舒（前179—前104），广川（在今河北省景县境内）人，是西汉著名的儒家思想家和教育家。他出生于一个田连阡陌、牛马成群、家有大批藏书的大地主阶级家庭。自幼勤读儒学，"三年不窥园"，达到如痴若愚的程度。他对《春秋》公羊学与《易经》阴阳学有特别的研究，学识渊博。中年收徒讲学，"下帷讲诵"，开始了教育生涯。汉景帝时，他因专精《春秋》而被选任为博士，但因景帝崇尚黄老学说，他无事可做，仍从事教育。

汉武帝即位后，命各地推荐贤良方正之士以备咨询。建元元年（前140年），汉武帝接连对他进行了三次策问，基本内容是关于天人关系问题，也称为"天人三策"，他提出了"罢黜百家，独尊儒术"、"开创太学"、"改革选士制度"等重大建议，同时还论证了天人关系、天人感应、神权与君权等重大问题。汉武帝对他的意见十分赞许。对策后，他被派到江都易王刘非那里任国相，后又被派往胶西王刘端那里任国相。晚年致仕在家，专心从事写作和讲学，但朝廷有大事，仍常派人向他请教。死后葬于京师长安西郊。有一次武帝经过他的墓地，特下马致意，所以他的墓地又名为"下马陵"。

他的著作很多，但绝大部分失传了。流传至今的只有一本《春秋繁露》和《史记·儒林列传》及《汉书·董仲舒传》中的有关资料。"天人三策"（即"举贤良对策"）载于《汉书·董仲舒传》中。

《汉书·五行志》曰："汉兴，承秦灭学之后，景武之世，董仲舒治《公羊春秋》，始推阴阳，为儒者宗。"董仲舒用《公羊春秋》的微言大义来改造先秦儒学，并容纳刑名法术、阴阳家思想，以天人关系问题为中心，建立了一套新的儒学，其要点如下。

（一）天创万物与天人感应

董仲舒抬出"天"作为宇宙人间的最高主宰，他说，"天"是"百神之大君也"（《春秋繁露·郊义》，以下凡引此书只注篇名）。他的"天"既有神学人格性，又有自然物质性。他说："天者，万物之祖，万物非天不生"（《顺命》），"为人者天也，人之人本于天，天亦人之曾祖父也，此人之所以乃上类天也"（《为人者天》）。他说天根据自己的形象创造了人类，人的形体以及精神上的各种表征，完全跟天自体相同。他以天人同类为根据，提出了"天人感应论"，认为天人既然同类，其间必然会互相感应，代天而治民的君主，其行为的好坏，能直接影响天，天能进行严格的赏罚。如君主施行仁政，上天就能降下"符瑞"或"祥瑞"现象，以示天的奖励或授命；如果君主施行暴政，上天就会降下灾异现象，以示"谴告"，而这种谴告也是天对君主的爱护与挽救。

董仲舒反自然事物伦理化，把自然的天赋予了人格（意志、命令和感情），其基本精神，恰恰是为了论证封建社会秩序与自然规律之间的统一性，他认为天人之间彼此交通感应、协和统一，才能取得整个"天人"结构的均衡、稳定和持久，这既是"天道"，也是"人道"；既是自然事物的运行法规，也是人间世事的统治秩序。

（二）皇帝至尊与君权神授

董仲舒认为人类社会组织是天安排的，天给人类社会设立了最高权力的君主"替天行道"。皇帝是天的儿子，是天派下来统治万民的，是唯一合法执行"天意"的人，要服从"天意"，就要服从皇帝。他说："德侔天地者称皇帝，天祐而子之，号称天子。"（《三代改制质文》）"《春秋》之法，以人随君，以君随天……故屈民而伸君，屈君而伸天。"（《玉杯》）意思是说，按《春秋》的法则，臣民应当服从君主的意志，君主应当服从天的意志，因此，抑制臣民而伸张君主，抑制君主而伸张天意。他还认为国家机器的官僚系统，也是天按照自己的形象构制的。皇帝是神的首脑的显现，其他三公、九卿、元士是神的耳、目、口、鼻、手、足各部分的体现，是派来帮助皇帝的。他建立了君权神授的学说，从神学上证明了君权高于一切，统治和教化的权力都要集中到皇帝手里，使君权和封建中央集权制度神圣化。但在强调君是民的绝对统治者的时候，董仲舒也有这样的意思，民只有通过"天"才能制约君。也就是说，民只有假借"天"威，规谏皇帝不要过分残暴，以免受到天的惩罚。对君来说，"民"就是"天"，"民意"就是"天意"。这在客观上也有一定的进步作用。

（三）王道三纲与阳尊阴卑

董仲舒认为"天"的意志是通过"阴阳五行"来表现的。他认为"天"是"阳贵而阴贱"（《天辨在人》），"亲阳而疏阴"（《基义》）。"凡物必有合……合各有阴阳"，"天道在阳而不在阴"，"阳兼于阴，阴（被）兼于阳"。（《基义》）他把"阳尊阴卑"的理论引用来说明人们的社会地位，认为君、父、夫属阳，臣、子、妻属阴。臣、子、妻是配合君、父、夫的存在而存在的，臣、子、妻要绝对服从君、父、夫。他继承了孔子、荀子的正名思想，又吸取了韩非的"臣事君，子事父，妻事夫，三者顺则天下治，三者逆则天下乱，此天下之常道也"（《忠孝》）的思想，概括为"君为臣纲、父为子纲、夫为妻纲"的"三纲"和"仁、义、礼、智、信"的"五常"。"纲"者，网之大绳也，引申为"纲领"、"主宰"之意。这就是说，君、父、夫对臣、子、妻有绝对统治、支配的作用，并把"五常"作为调整和补充"三纲"的道德规范。他还进一步说："王道之三纲，可求于天"（《基义》），认为"三纲"来源于"天"。董仲舒的目的是从理论上确证专制君主的绝对权威和君臣父子的严格的统治秩序，而这统治秩序的维护又依赖于"天"。

（四）"任德教"与"奉天法古"

董仲舒还利用天道"阳尊阴卑"的思想，为儒家的"德治"找到了"天意"的根据。他说："天数右阳而不右阴，务德而不务刑"（《阳尊阴卑》），王者应"承天意以从事，故任德教而不任刑"（《举贤良对策》）。他认为"德教"可以收到严刑峻法所收不到的效果。当然他也不反对刑，把刑作为"德教"的辅助手段。他说："教，政之本也；狱，政之末也。其事异域，其用一也。"（《精华》）这是董仲舒总结了秦亡的教训，把先秦儒家一贯强调的"仁政"、"德治"提升和放大到宇宙论的高度，认为君虽高踞于万民之上，却仍要受"天"的制约，这种制约主要表现为反对任刑滥杀，而主张道德教化，所以他说："阳为德，阴为刑，刑主杀而德主生……以此见天之任德不任刑也。"（《举贤良对策》）

他认为封建统治秩序是万世不变的。他说："道之大原出于天，天不变，道亦不变"，"古之天下，亦今之天下；今之天下，亦古之天下"。（《举贤良对策》）道出于天，又万古不变，从这出发，他又提出了"奉天法古"的主张。"奉天"是为了"奉道"，"法古"是为了"法道"。

总之，董仲舒的新儒学已大大不同于先秦的儒学，它使儒学进入到一个新阶段。它不但总结了过去，吸收、包容了道、法、阴阳各家，而且日渐渗透深入到整个社会生活的各个方面。它把先秦儒学的思想与阴阳五行家的学说具体地配置安排起来，从而使儒家的伦理政治纲领有了一个系统论的宇宙图式作为基石，适应了时代的要求，成为冉冉上升的新社会和新王朝制定统治秩序的先进理论，这是董仲舒思想中顺应历史发展要求的积极的一面。然而董仲舒的思想中具有神秘化特色，他强调的"三纲五常"，高度地集中地反映了整个封建统治阶级的根本利益，随着封建社会由上升发展演变而走向停滞和衰落的时候，其保守、障碍的作用也就越来越明显了。

二、三大文教政策主张

董仲舒为了适应汉武帝的政治需要，在他接受汉武帝亲试"贤良"之士的三次策问中，为汉王朝提出了三大文教政策的建议。他想以政治的手段，凭着国家的力量，推行其教育主张。

（一）独尊儒术，罢黜百家

西汉前期，朝廷虽立了儒经博士，但是指导政治的却是"无为而治"的黄老学说与法家政治的杂用，在统治思想上还显得薄弱与纷乱。这有碍于封建统治制度的巩固与封建事业的发展。儒家虽曾为此进行了激烈的斗争，并且在斗争中也扩大了自己的影响，但是独尊的地位始终未曾取得。董仲舒根据当时政治的需要，把"不达时宜，好是古非今"的先秦儒学加以改造，并利用《春秋》经文字简单隐晦、便于穿凿的特点，对其中的"大一统"思想加以发挥，认为要保证政治法纪的大一统，首先必须加强思想的统一，所以他对武帝建议道："《春秋》大一统者，天地之常经，古今之通谊也。今师异道，人异论，百家殊方，指意不同，是以上亡（无）以持一统，法制数变，下不知所守。臣愚以为，诸不在六艺之科、孔子之术者，皆绝其道，勿使并进，邪辟之说灭息，然后统纪可一而法度可明，民知所从矣。"（《举贤良对策》）意思是说，《春秋》经重视一统，这是天地不变的原则，是古今共通的道理。如今人们所学的道理不同，议论各异，诸子百家学说不同，意旨异样，所以上面不能掌握统一的标准，法制屡次改变，在下面的不知应当如何遵守。他的意见是，凡不属于六艺（即六经）的科目和孔子的学术的，都一律禁止，不许齐头并进。这样邪僻的学说消灭，然后学术的系统可以统一，法度就可以明白，人民也知道所应走的方向了。董仲舒在这里明确地提出要以"独尊儒术"作为统一的指导思想，用来维护封建中央集权的大一统，而使臣民知其所守与所从。

董仲舒提出的"独尊儒术"的主张，改变了汉初黄老"无为"之计而行"有为"之术，继承了"天行健，君子以自强不息"（《易经·乾》）的儒家精神，并克服了独任法吏以逼民反的忧患，而行德政以安抚感化百姓的善治。这最适合于加强封建中央皇权和巩固封建制度一统天下的事业，因此被汉武帝所采纳，作为汉王朝统一的政治指导思想和文教政策的主旨。这一文教政策规定了教育的目的是在培养通经致用的儒学治术人才，用"三纲五常"维系人心，以确保汉王朝的长久安宁。在"独尊儒术"政策指导下，儒学的典籍被尊称为"经"。建元五年（公元前136年）专置了儒学《诗》《书》《礼》《易》《春秋》的五经博士。由此，原有的治诸子百家之学的博士遂不见用，而由儒者垄断博士职位。博士们传授儒学，儒经成为汉王朝的法定教育学科和内容。因此儒经受到了极大的尊崇，并有了广泛的传播。教学目的、内容及教材空前地统一起来，学校教育基本上成了经学教育，教师们讲解五经，培养学生掌握纲常之道而为政治民。读经以统一思想和学儒为仕，这是汉代教育的重要特点，对后世封建社会的教育产生了深远的影响。

"独尊儒术"文教政策的提出与实施，有一定的积极意义，它统一了思想，使封建教育有了统一的教育目的和内容，大大促进了教育的发展并培养出一定的人才。但它杜绝了百家争鸣，使学术发展受到很大的限制。以儒家经典为教育内容，用严格的师法家法代替了自由讲学，书本知识在教学中占据了主要地位，章句训诂代替了现实问题的探讨，这又为教育事业的发展带来了消极影响。

（二）开创太学，改革选士制度

为了培养和选拔精通儒经并能"尊王明伦"的治术人才，董仲舒向汉武帝建议开创太学培养贤士和进行教化工作，他说："夫不素养士而欲求贤，譬犹不琢玉而求文采也。故养士之大者，莫大乎太学。太学者，贤士之所关也，教化之本原也……臣愿陛下兴太学，置明师，以养天下之士，数考问以尽其材，则英俊宜可得矣。"（《举贤良对策》）意思是说，平日不养士而想要求贤，好像不雕刻玉而要求玉有文采，那是办不到的。所以说培养人才没有比办好太学更重要了，太学是贤士所由出，是教化的本源。董仲舒建议汉武帝兴办太学，聘请高明的教师来教养天下的士人，常考核他们，来发展他们的才能，英俊的人才就可以得到了。汉武帝采纳了这一建议，于元朔五年（公元前 124 年）下诏在长安正式成立了太学，以儒学博士为学官（专职教师），招收弟子，授以儒经，为国家培养官吏。汉武帝除在京城长安设立了中央的最高学府（太学）之外，还下诏在州郡设立地方学校。

然而设学养士的人数有限，且培养的周期较长，因此董仲舒又提出选士的办法，即建议各级官员重视发现、推荐和选拔社会上既有的人才。他向汉武帝建议："臣愚以为使诸列侯郡守二千石，各择其吏民之贤者……所贡贤者有赏，所贡不肖者有罚，夫如是，诸侯吏二千石皆尽心于求贤，天下之士可得而官使也。遍得天下之贤人，则三王之盛易为，而尧舜之名可及也。毋以日月为功，实试贤能为上，量材而受官，录德而定位，则廉耻殊路，贤不肖异处矣。"（《举贤良对策》）意思是说，让诸列侯、郡守、二千石各自选择他们的官吏和人民中的贤人，所选拔的人如属贤才就有赏，所选的人不肖的就有罚。这样，诸侯、吏、二千石就尽心求找贤了，天下有才能的士人就可以给予官职加以任用了。普遍地得到天下的贤人，那么三王的盛世就容易出现，尧舜的名声也可以追上了。千万不要以日月的积累计功，要实际地试验考察他们的贤德和才能，度量了才能再给他们官职，考察了德行再来定他们的职位，那么廉洁奉公和无耻懒惰的人待遇不同，贤人与不肖者就能够区别了。

董仲舒把培养人才与选拔人才结合起来统一考虑，认为这样才可遍得天下的贤才，这是有远见的认识。而且他注意到在实践中考察人才的贤德与才能，然后"量材而受官，录德而定位"，不以"日月为功"，反对凭资历、熬年头、论资排辈，这也是有价值的思想。不过无论养士还是选士都以儒术为准，入太学应选士又是做官的必然途径，把儒学与仕途结合起来，要做官非学儒不可，从而使学校成了专门学儒的场所，士人也都变成了儒生，这也是汉代教育的重要特点，对后世产生了重大影响。

（三）兴教化，正万民

董仲舒继承儒家传统，非常重视国家教民的事业，他认为王者的主要任务是实行德治和教化。所以他对汉武帝说："凡以教化不立而万民不正也。夫万民之从利也，如水之走下，不以教化堤防之，不能止也。是故教化立而奸邪皆止者，其堤防完也；教化废而奸邪并出，刑罚不能胜者，其堤防坏也。古之王者明于此，是故南面而治天下，莫不以教化为大务；立大学以教于国，设庠序以化于邑，渐民以仁，摩民以谊（义），节民以礼，故其刑罚甚轻而禁不犯者，教化行而习俗美也。"（《举贤良对策》）意思是说，教化没有建立就不能把人民纳入正道。老百姓追求利益如同水向下流一样，不用教化当做堤防的话，是不能停止的。所以教化建立而奸邪停止，这是它的堤防完好；教化废止而奸邪出现，用刑罚也不能制止，这是它的堤防坏了。古时王者明白这个道理，在他们治理天下时，没有不把教化当做主要任务的，在国都建立太学，在县邑设立县学、乡学，用仁来教育人民，用义来感化人民，用礼来节制人民，因而刑罚虽轻而人民没有违犯禁令的，这正是由于施行教化造成了良风美俗。他还说："今之郡守县令，民之师帅，所使承流而宣化也，故师帅不贤，则主德不宣，恩泽不流。"（《举贤良对策》）意思是说，现在的郡守县令，就是人民的老师和领导，是派他们秉承风旨来宣传教化的，如果老师和领导不好，君主的仁德就不能宣扬，恩惠就不能达到民间。可见董仲舒十分重视教化工作，把教化民众当做各级行政官员的重要职责。

总之，董仲舒关于文教政策的思想是他最为重要的教育思想，它不仅对汉代的文教政策，而且对整个封建社会各个朝代的文教政策，都产生了重大的作用和影响。

三、万民之性，待外教然后能善

董仲舒继承了先秦儒家通过探讨人性来说明教育功能的思想。

在人性论问题上，他调和孟荀的"性善"论和"性恶"论，认为人性是"天"创造人类时所赋予的一种先验的素质，这种素质具有"善"与"恶"两种可能性。他说："性者，天质之朴也。"（《实性》）"身之名取诸天，天两有阴阳之施，身亦两有贪仁之性"，"身之有性情也，若天之有阴阳也"。（《深察名号》）这就是说，天有阴阳，那么禀之天的人性中亦有性有情。性属阳，是仁的善的；情属阴，是贪的恶的。因此，人有贪仁二性，人性兼含善恶两种要素。

董仲舒认为人性中有善的要素，但这善的要素并非就是善，善的要素必须通过人为的教育，才能使它进而为善。所以他说："今万民之性，待外教然后能善；善当与教，不当与性。"（《深察名号》）他认为既然人们的性有待于外加的教育才能够善，那么，善就该属于教育的范畴，而不当属于性的范畴。他又进一步说："性如茧如卵，卵待覆而为雏，茧待缲而为丝，性待教而为善。""性比于禾，善比于米，米出禾中而禾未可全为米也，善出性中而性未可全为善也。"（《深察名号》）性好比是茧和卵，卵要经过孵化以后才能成为幼禽，茧要经过缲治以后才能成为丝，性也要经过教育以后才能成为善。性好比禾苗一样，善好比大米一样，大米从禾苗出来，但禾苗不可能全是大米，善出于性里面，但性不可能全都是善的。董仲舒这里运用了"可能"与"现实"这一对范畴。"现实"必须以"可能"为前提，然而，"可能"并不就是"现实"，也不一定能成为"现实"。要使性成善，由"可能"变为"现实"，必须通过教育。善是教育的结果，"善，教训之所然也，非质朴之所能至也"（《实性》）。

他认为教育不但可以防止恶性、培养善性，而且还可以把人培养成任何类型的人。他说："夫上之化下，下之从上，犹泥之在钧，唯甄者之所为；犹金之在熔，唯冶者之所铸。"（《举贤良对策》）在上位的官教化下面的民众，下面的民众服从在上位的官，好像把泥土放在制瓦模型里，听凭陶匠的作为；也好像把铁放在熔铸造的器里，听凭冶匠的铸出。董仲舒认为善要靠人为，要靠后天环境和教育的力量来培养，这和荀子的教育思想有相似之处，有一定的合理因素。当然他也过分夸大了教育的作用，一定程度上也表现了主观意志论的倾向。

董仲舒认为教化"为善"的工作应由帝王来进行，这是上天给予帝王的责任。他说："天生民，性有善质而未能善，于是为之立王以善之，此天意也。民受未能善之性于天，而退受成性之教于王，王承天意以成民之性为任者也。"（《深察名号》）董仲舒的这一思想的落脚点是要不要有圣王的存在，承认不承认王者教化的作用。他一方面证明王者是受"天命"统治人民的，权威至上；另一方面又告诫王者要"承天意以从事"，民性天生虽有善质但未能善，王者的职责是教民成善。专用刑罚不可以治世，为政必须"任德教而不任刑罚"。

董仲舒还明确地提出了"性三品"说。他把人性分为"圣人之性"、"中民之性"与"斗筲之性"。他把"圣人之性"当做"上品"，认为这是天生的"过善"之性，这种"过善"之性是其他人先天不可能、后天又不可及的，指的是统治阶级最上层的比较少数的一些人，包括帝王和周公、孔子一类圣贤人物，天委派他们制礼乐、立法度、统治教化万民。他把封建帝王说成是"过善"之性，这与他维护绝对王权的威信、加强中央集权制的思想是一脉相通的。他把"斗筲之性"当做"下品"，认为"下品"谈不上有什么"善质"，生来就是恶的，近于禽兽，教化是无用的，只能采用刑法对付他们，这是指最贫贱的奴婢、农奴以及"犯上作乱"反对封建王权的人。

董仲舒认为"圣人之性"与"斗筲之性"是极少数的人，不可以"名性"。只有"中民之性"代表万民之性，方可"名性"。"中民之性"较善于禽兽，因为他们"有善质而未能善"，"待渐于教训而后能为善"，即待圣王教化以后才能成"善"，然而却不可以教化成为圣人。"中民之性"指的是哪些人呢？按当时的社会阶级构成来看，应包括一部分统治者，也包括一部分被统治者，一般贵族、官僚、地主、奴隶主、大商人、中小商人、独立手工业者、自耕农，以及一切已取得人身独立的人，统统都包括在内。"中民之性"人数最多，是当时政治和经济制度赖以存在的支柱，也是主要的教育对象。董仲舒把这些人说成是待王教而后善，目的是要为"任德教而不任刑罚"的治术主张提供人性论的依据。

总之，董仲舒的"性三品"思想，进一步论证了教育的必要性和可能性，论证了他关于教育功能的思想。同时，他的"性三品"思想，也为最高皇权的神圣化、专制统治绝对化以及社会各阶级阶层地位的构成和权力的永恒化找到了理论根据。董仲舒的"性三品"思想已与先秦儒家的人性论有所不同，它否定了孟子所说的"我与圣人同类"、"人皆可以为尧舜"和荀子所说的"涂之人可以为禹"的古代平等思想，后来的儒者韩愈及宋明理学家，继承和发展了"性三品"学说。

四、正谊明道

董仲舒把社会道德和秩序都说成是人性生来就固有的，是上天所赋予的。他说："人受命于天，有善善恶恶之性"（《玉杯》），又说："天之生人也，使人生义与利，利以养其体，义以养其心"（《身之养重于义》）。

如前所述，董仲舒把儒家的伦理规范概括为君为臣纲、父为子纲、夫为妻纲的"三纲"和仁、义、礼、智、信的"五常"的道德教条，这也就是他主张的道德教育的核心内容和所要培养的德性。

董仲舒和先秦儒家一样，用"仁"和"义"两个概念作为道德的善恶标准。不过，他对于"仁"和"义"的解释和先秦儒家有些区别。先秦儒家讲"义"有两层意思：一是使宗法的亲疏远近各得其所，各得其宜，"义"者，宜也，适宜、合理的事称"义"。如孔子说："其养民也惠，其使民也义"（《公冶长》），"闻义不能徙，不善不能改，是吾忧也"（《述而》）。二是"义"者，仪也，指礼仪与容止，即人们应遵守的道德规范和礼仪制度。董仲舒把"仁义"经过一番改造，特别强调"义"，他提出了"正其谊（义）不谋其利，明其道不计其功"的有名的道德格言，要求民众重义忘利：一个人要尽量以"义"来端正自己，不追求物质利益，光明美化社会道德，不计较个人得失。董认为重要的是整体的国家社会的"道"、"义"，而不是局部的个人的"利"、"功"。这固然不同于法家的"功利"理论，同时不同于先秦儒家的"何必曰利"。因为这里已不是单纯从主体道德伦理出发，而是从客观宇宙论系统立论，从维护统一帝国的稳定、持久立论。要求诸侯、藩王、特权贵族放弃过多的特权，不要闹分裂，服从整个帝国的长远、统一、根本的利益；他说一般"中民"如果能"正其义"，则"虽贫能自安"，如果不能"正其义"，则"虽富莫能自存"，即要求人们放弃局部的"功"、"利"，维护国家整体的"道"、"义"。所以我们说董仲舒的"正谊明道"思想对于冉冉上升的新社会和新王朝统治秩序的稳定仍然起到了积极作用；而且在物质生活与精神生活的关系中，强调追求高尚的精神生活，这也还是有意义的。我们今天要求开拓功利与提高物质生活，但也不要见利忘义或非其道而谋利。

关于道德教育与修养的原则方法，董仲舒提出了以下几点。

（一）以仁安人，以义正我

这是教导人们修己待人的态度，要求养成严于责己和宽以待人的德行。他说："仁之法在爱人不在爱我；义之法在正我不在正人。我不自正，虽能正人，弗予为义；人不被其爱，虽厚自爱，不予为仁。"（《仁义法》）仁——爱人，是对他人而言的；义——正我，是对自己而言的。"仁义"即对自己严格要求，对他人热心服务。对自己做到"仁"较易，对自己做到"义"才是高尚的人格。"治我"要严，待人要宽，"躬自厚而薄责于外"，人人要攻自己的恶，不要攻别人的恶，要自责而不要责人。

（二）强勉行道

这是要求人们道德修养不只是停于认识上，而应表现于行为上。他说："强勉行道，则德日起而大有功。"（《举贤良对策》）

他主张勉奋地努力进行道德修养，认识与行为都跟上，这样德性就一天比一天好，而且越发成功。在"行道"中，他要求人们"兴善去恶"和"改过迁善"，并说"修身审己，明善以反（返）道者也"，要"返道以除咎"和"进善诛恶"。在"行道"中，他还要求人们"谨小慎微"，采取"众少成多，积小致巨"、"渐以致之"、"集善累德"的方法。这些作为品德修养的一般方法，是有一定参考价值的。

（三）明于性情

他认为在道德教育中，要"引其天性所好，而压其情之所憎者也"（《正贯》）。意思是说，道德教育中注意诱发学生天性中所喜好的，抑制天性中所厌恶的。他从"性情"二元论思想出发，重视引导学生对于自身有明确的自我认识，区分爱憎，发扬所好，抑制所憎，注重道德情感的作用，这还是有价值的。

（四）必仁且智

他认为德育与智育应结合起来，他说："莫近于仁，莫急乎智……仁而不智，则爱而不别也。智而不仁，则知而不为也。"（《必仁且智》）他指出了"仁而不智"与"智而不仁"的片面性，从而提出既要强调德育而又必须德智相辅以及通过智育进行德育的方法。这种德智统一的思想仍是有价值的。他认为智育是有助于德育的，道德行为上的失误，往往与学习不好、认识不清有关，"知之所不明"，"虽有圣人之至道，弗论不知其义也"（《仁义法》），所以他说："君子不学，不成其德。"（《举贤良对策》）他认为不学便不能成德，智育与德育是紧密结合不可分割的。

五、内视反听，强勉学问

董仲舒认为"天"在创造人类时，也赋予人以道德，所以"天道"寓于人心之中，天心和人心相通，认识了人的本心也就认识了"天道"。人通过内心反省，就可以体会"天意"。人的知识是经过"内视反听"的内省过程得来的，进而达到"明善心以反道"的境界。所以他说："道莫明省身之天"（《为人者天》），"内视反听，故独明圣者知其本心"（《同类相动》）。这种不通过感官只通过内省体察就能认识本心的观点，和孟子的"万物皆备于我"、"求在我"的思想是一脉相承的。

董仲舒认为只有圣王才有可能"发天意"、"承天意"，高出于众人之上，那么人们学习的内容就应该是他们所制作的诗、书、礼、乐和道德规范了，至于自然知识是不应该学习的。他说："能说鸟兽之类者，非圣人所欲说也。圣人所欲说，在于说仁义而理之……不然，传（傅）于众辞，观于众物，说不急之言，而以惑后进者，君子之所甚恶也，奚以为哉？……故曰：于乎！为人师者可无慎耶！"（《重政》）可见他所要求学习的只是圣人所说的仁义道德那一套东西，至于有关飞禽走兽之类的学问或观察许多不同的事物，是会迷惑后进的，不应当学习，也是君子所痛恨的！

他把儒家的"六经"当做教材。他说："《诗》《书》序其志，《礼》《乐》纯其美，《易》《春秋》明其知"，而且说："六学皆大而各有所长"，"《诗》道志，故长于质；《礼》制节，故长于文；《乐》咏德，故长于风；《书》著功，故长于事；《易》本天地，故长于数；《春秋》正是非，故长于治人；能兼得其所长，而不能遍举其详也。"（《玉杯》）这是董仲舒为了培养为政治民人才而规定的一整套课程计划、教材和教学内容。

关于教学原则方法，他提出了以下几点。

（一）圣化

他认为优秀的教师必须遵循"圣化"的原则。无事不通曰圣，含有"精通"之意。他说："善为师者，既美其道，有（又）慎其行，齐（剂）时早晚，任多少，适疾徐，造而勿趋，稽而勿苦，省其所为而成其所湛，故力不劳而身大成，此之谓圣化，吾职之。"（《玉杯》）他要求教师敬重育才之道，对学生进行教育要适时、适量、适度，监督而不使之紧张，查考而不使之烦苦，要了解学生的水平而引导他完成更高一层次的进步，使学生能够轻快前进而取得巨大成就。这就是教师的"圣化"原则。在这里，董仲舒指明了教师教书育人的职责，要求教师充分发挥学生的才能，提出教学的可接受性、启发性的原则，这些都是合乎教学规律的有价值的见解。这是对孔、孟、荀及《学记》中教学原则的合乎逻辑的继承和发展，表明我国古代有着丰富的优秀教学遗产。

（二）强勉努力

他既强调教的作用，也注重学的作用。他说："事在强勉而已矣。强勉学问，则闻见博而智益明。"又说："常玉不琢，不成文章；君子不学，不成其德。"（《举贤良对策》）他强调了学习的意义、学习的重要性，虽然他指的是对儒经的学习，但他要求学生"不知则问，不能则学"，要求学生学问、闻博、知明，这种激励学生勤学好问的思想是正确的。

（三）博贯多连

他提出了"博贯"和"多连"的学习方法，他说："得一端而多连之，见一空而博贯之。"他认为只要"连而贯之"，就可推知天下古今的知识。他还认为学习不能"太博"，也不能"太节"，"太节则知暗，太博则业厌"。(《玉杯》) 太节就会使得知识暗昧，太博又会使人厌倦。太博太节都会给学习带来损失，应该是博节合宜，统一起来，循序渐进，这种思想是有一定道理的。

（四）专一虚静

他认为学习必须专一，始终好善求义，才能知"天道"。他说："目不能二视，耳不能二听，手不能二事，一手画方，一手画圆，莫能成……是故君子贱二而贵一。人孰无善？善不一，故不足以立身。"(《天道无二》)

他还认为真正深入悟解，体会精微，必须虚静。他说："夫欲致精者，必虚静其形……形静志虚者，精气之所趣也。"(《通国身》) 这里虽含有"天心"与"人心"相通的唯心主义成分，但要求学习时头脑冷静，排除杂念，虚心以求，这还是有一定的道理的。

王充的教育思想

一、生平及哲学思想

王充（约27—约100），字仲任，会稽上虞（今浙江省上虞市）人，是东汉杰出的唯物主义思想家和教育家。他出身于"细族孤门"，祖先"以农桑为业"，"以贾贩为事"。六岁开始读书，八岁进书馆学儒经，成绩优秀，被送去洛阳太学深造。因无钱购书，便到书铺里披阅自修，"一见辄能通忆，遂博通众流百家之言"，在洛阳曾师事班彪，他的学问主要是靠刻苦自学获得的。成年以后，做过县掾功曹、都尉府掾功曹、太守列掾功曹、州从事，都是地位不高的从属职务。后与上司意见不合而辞职，"后归乡里，屏居教授"，以教书为生。他一生在政治上没有施展才能的机会，便把主要精力和大部分时间用来著书立说和从事教育活动，先后写了《讥俗节义》《政务》《养性》《论衡》四部书，现存的只有《论衡》一书，这部书耗尽了王充的心血，凝结了他辛勤的理论工作的巨大成果。

王充所处的时代，是汉朝实行"独尊儒术"的思想控制政策达百年以后，儒家思想已逐渐偶像化，并建立了天人感应谶纬迷信的宗教神学体系的时代。由于封建社会内部的矛盾日益趋向尖锐，封建王朝进一步利用神学维持自己的统治，把董仲舒所创立的新儒家学说和一种叫做"谶纬"的封建迷信学说结合起来。"谶"是"诡为隐语、预决吉凶"的宗教预言，由来已久。在秦朝，一些儒生方士为了反对秦始皇就散布过这种谶语。汉代，为了把孔子扮成一位大圣人，也有人曾用谶语附会经义，将孔子说成是一个能前知千岁、后知万世的通天教主。方士为了做官，大批挤进了儒家的行列。儒家方士化、方士儒家化，使汉儒的成分更为复杂。"纬"是用迷信观点来解释经书，因为经书文字不能随便改动，纬则假托天意，把经典神学化，故意不讲作者姓名，说成是神的启示，其实"纬书"是巫师、方士臆造的一种妖言怪说。

东汉王朝建立之后，谶纬迷信得以更广泛地流行，章帝时召集了一批御用学者，把当时的谶纬迷信和社会伦理学说统一起来，纂编成《白虎通义》一书，使伦理纲常进一步和宗教迷信合而为一。于是孔子的学说被越来越多的谶纬迷信所补充、所曲解。经与纬的统一，孔子被赋予学者与教主的双重身份，成为禁锢士人头脑、麻痹广大人民的"神"。在这种统治思想腐蚀下的学校教育，充满了迷信、烦琐和教条主义，学术思想僵化，统治阶级极力提倡烦琐的经书注解，以浮词繁多算做学问，士人一生精力消耗于对一经章句的诵读记忆和背诵上，学校教育与实际完全脱节。

正当封建统治者大兴谶纬迷信的时候，王充高举"疾虚妄"的旗帜，对谶纬迷信进行了批判与驳斥。

他的哲学思想可以概括为以下几点。

（一）天自然无为

王充认为天和地都是无意志的自然的物质实体，宇宙万物的运动变化和事物的生成是自然无为的结果。他认为万物是由于物质性的"气"自然运动而生成的。"天地合气，万物自生，犹夫妻合气，子自生矣。"（《论衡·自然》，以下凡引此书，只注篇名）天气和地气相合，万物自然就生长出来，好像夫妇相交合，孩子就自然生出来一样。他认为生物间的相胜是因为各种生物筋力的强弱、气势的优劣和动作的巧便不同，并非天的有意安排，天不是什么有意志能祸福的人格神。

（二）天不能故生人

王充认为天是自然，而人也是自然的产物，他说："人，物也；物，亦物也。"（《论死》）人是自然界的一部分，禀受天地元气而成。这样就割断了天人的联系，发扬了荀子的"明于天人之分"的思想。他还说："人不能以行感天，天亦不能随行而应人。"（《明雩》）他也不承认神的意志的存在，认为自然灾异变怪，是"气"运动变化的结果，同社会人事毫不相干，也不是神的暗示。

（三）神灭无鬼

王充认为人有生即有死。人所以能生，是由于他有精气血脉，而"人死血脉竭，竭而精气灭，灭而形体朽，朽而成灰土，何用为鬼?"(《论死》) 他继承了桓谭的思想,认为人死犹如火灭,火灭如何还能有光? 他对于人的精神现象给予了唯物的解释,从而否定了鬼的存在。他的这一思想为后代唯物主义思想家们所继承和发展。

(四) 今胜于古

王充反对"奉天法古"的思想,认为今人和古人相"齐",今人与古人气禀相同,古今不异,没有根据说古人总是胜于今人,没有理由颂古非今。他认为汉代比过去进步,因为汉在"百代之上"(《恢国》)。他认为历史是后代超过前代的,是一代比一代进步的。这种见解与"天不变道亦不变"的思想是完全对立的。

虽然王充的思想中也有缺点,如忽视了人对自然界的主观能动作用,有严重的机械决定论的倾向,表现在社会历史观上就是命定论,这在一定程度上削弱了他的思想的战斗性,但是王充在儒学和神学、谶纬迷信相结合被钦定为统治思想的时期,敢于宣布世界是物质的,敢于宣布没有鬼神的存在,敢于向孔孟权威问难挑战,并为此而战斗到生命的最后一刻,他的思想与勇气,在历史上起到了先驱者的作用。王充的贡献不仅在于他的战斗的批判精神,也还在于他提出了一些反对谶纬迷信思想的积极主张。

二、对迷信烦琐的经学教育的批判

由于儒学与神学、谶纬迷信的结合,妖化了孔孟,腐蚀了学校教育,僵化了学术思想,王充对这种迷信、烦琐的经学教育进行了严厉的批判。

（一）反对"信师是古"，主张"极问"

王充首先批判了学校里盲目迷信的恶劣学风。他说："世儒学者好信师而是古，以为圣贤所言皆无非，专精讲习，不知难问。"（《问孔》）他认为当代儒者总是喜欢迷信老师并崇拜古人，以为圣贤说的话没有不对的，专心一意地听讲学习而不知道去辩驳和问难，这是一种盲目迷信的恶习。为了反对这种盲目迷信的习气，辨明是非，他大胆地怀疑儒家经典。他说："苟有不晓解之问，造难孔子，何伤于义？诚有传圣业之知，伐孔子之说，何逆于理？"（《问孔》）他认为倘若是有不理解的问题，从而追问到孔子，对于道义又有何妨害呢？真有传受圣人事业的智能，驳难孔子的说法，在道理上又有何违背呢？他写了《问孔》《刺孟》等文章，并具体地指出孔子之徒不能"极问"和孟子某些思想的模糊与混乱。所有这些，不仅对于打破盲目迷信孔孟学说、揭露神学谶纬的虚妄有重大作用，而且他从正面提出"极问"、"问难"、反对"信师是古"等积极主张，是对师生关系、古今关系的一种有益的探索。这对于扫除笼罩在东汉教育上的迷信、烦琐、僵化之风，无疑是具有积极意义的。

（二）反对"记诵章句"，主张"贵通"

王充对当时教育上但拘一经或只记诵章句、训校文义的风气也作了深刻批判。他指出这种教育培养的人，"即徒诵读，读诗讽术，虽千篇以上，鹦鹉能言之类也"（《超奇》）。只知念书背诵，虽千篇以上又有何用处呢？只不过具有鹦鹉学舌的本领罢了。他指责当时有的儒者，既不知古，也不知今，他说："知古不知今，谓之陆沉"；"知今不知古，谓之盲瞽"。（《谢短》）意思是说，只知古而不知今，头脑昏沉；只知今而不知古，如同盲人。有的儒生虽"能说一经"，但"不好广观"、"守隅不览"，实际上变成"不闻古今，不见事类，不知然否"的"目盲"、"耳聋"、"鼻痈"的人（《别通》）。这种人不注意实际事功，"儒生栗栗，不能当剧，将有烦疑，不能效力"（《程材》）。只是戒慎恐惧的书呆子，不能承担繁杂的工作。他在《谢短》一文中，提出了十四个历史问题、三十个经学问题、六个法律问题，儒生皆不能解答。王充尖锐地指出当时学校脱离实际，学用相违，只能培养一些无用之徒。他认为学校培养的人才要"贵其能用之也"（《超奇》）。他主张人才应该"贵通"，应该成为"博览古今"、学用结合、能"精思著文、连结篇章"的"兴论立说"者。他的这种积极主张在中国古代教育史上是少见的。

三、性有善恶，在化不在性

王充重视教育对人性发展的作用。他把人性分为三种：一是生来就善的人，是中人以上的人；二是生来就恶的人，是中人以下的人；三是无善无恶或善恶相混的人，是中人。他认为人性之所以有贤愚善恶，不是天意，而是由自然因素影响而成的。由于人在受胎时，所禀受的天性有厚有薄，"禀气有厚薄，故性有善恶也"（《率性》）。他认为禀气厚薄决定人性的善恶，像曲蘖多少决定酒味好坏一样。他认为生来就善或生来就恶的人是很少的，绝大多数是中人，中人之性则可通过教育使之定型。"夫中人之性，在所习焉。习善而为善，习恶而为恶也。"（《本性》）而且即使生来就恶的人，也可以通过教育使之变为善。

王充肯定性可以变化，人性善可变恶，人性恶亦可变善，重要在于教育而不在本性，如他说："在化不在性"，"在于教，不独在性"，"善则养育劝率，无令近恶，（近）恶则辅保禁防，令渐于善"。(《率性》) 本来善的，要培养劝导使他不接近恶，不受恶的影响；如已发现有作恶的倾向，则须疏导防止，使他逐渐转变为善。王充认为性不是一成不变的，性可教而为善，只要有适当的教育，天下无不可教育之人。孔子门徒的才干，也是由于教育的结果。因此，王充非常重视"教导"、"锻炼"、"渐渍"的作用，认为经过教育可以"反情治性"，可以"尽材成德"。(《量知》)

王充认为环境对人的影响极大。他打比喻说："蓬生麻间，不扶自直；白纱入缁，不练自黑"(《率性》)，认为人的本性也如同麻蒿、白纱一样，由于渍染的不同，质性就会变异，这也就是说由于环境和教育的作用，人性有了善恶的区别。

王充肯定教育对人的发展的重大作用。一方面论证了人性可以改变，善的可以变得更善，恶的也可以变善，说明了教育的可能性；另一方面他又以许多具体的事实说明了教育的功能，从而说明了教育的必要性。他说："久居单处，性必变易。"(《率性》) 他还以子路为例，说明经过孔子的教育、启发、开导和感染，子路猛气消损、骄气屈折，逐渐变为善于政事的人。这就是通过教育使恶性变成善性的证明。他还说过："简练于学，成熟于师"(《量知》)，进一步说明了教育的必要性，肯定了"教训之功而渐渍之力"的作用，是可取的。

四、儒生·通人·文人·鸿儒

王充把"鸿儒"当做理想的培养目标。他说："能说一经者为儒生；博览古今者为通人；采掇传书以上书奏记者为文人；能精思著文、连结篇章者为鸿儒。故儒生过俗人，通人胜儒生，文人逾通人，鸿儒超文人。"（《超奇》）他的培养目标：第一是"鸿儒"，因为"鸿儒"能独立思考、著书立说；第二是"文人"，能掌握知识，从事政治工作；第三是"通人"，能博览古今；第四是"儒生"，仅有一部分知识，只比俗人稍高明一点，既没有"尽才"，又不能"成德"。他认为"儒生"是不受社会欢迎的。他也不满足于培养"通人"和"文人"，而主张培养"鸿儒"，把"鸿儒"当做理想的培养目标。这是他对当时经学教育不满的反映。他认为当时的经学教育死守章句，只能培养"章句之生"，这对社会没有用处；只有培养博通古今、能著书立说的"鸿儒"，才对社会有好处。他的这种培养创造性人才的主张是很有见地的。

五、学之乃知，不问不识

王充认为，人与动物的本质不同，在于人具有认识世界的能力。他把先秦时期一些唯物主义思想，特别是荀子的"万物之中人为贵，贵其有知"的思想发展到了新的高度。

王充反对生知说，反对知识的先验论。他说："天地之间，含血之类，无性（生）知者。"（《实知》）他反对那种认为圣人能前知千岁、后知万世的说法，认为"不学自知，不问自晓"的事是古今所没有的。他说："人才有高下，知物由学，学之乃知，不问不识。"（《实知》）人的天生条件虽有不同，但要知道事情、认识世界却是由于学习；只有学习了才能知道，不询问不能明白。

王充重视知识的力量，认为有知识就有力量，"人有知学，则有力矣"（《效力》）。"萧何入秦，收拾文书，汉所以能制九州者，文书之力也。"（《别通》）他举例说明萧何收集秦代保存的文书资料，掌握了很多知识，然后"以知为力"，协助刘邦打败了项羽。胜利后刘邦对有功之臣封赏，首先重赏萧何，其次才是攻城夺地的武将。他认为萧何像猎人，而武将如猎犬，猎人的贡献比猎犬要大。他还列举了春秋战国时代知识分子能够富国强兵的生动事例，来说明知识和知识分子的重要性。这确实已经包含了"知识就是力量"的思想，王充的"力"更多的是指对人类社会的控制力，而16世纪英国思想家培根所说的"力量"则是对人类征服自然能力的一种预见。在筋骨之力和知识的力量面前，王充更重视知识的力量，"筋骨之力，不如仁义之力荣也"（《效力》）。所谓"仁义之力"，便是指道德和知识的力量。他还举例说，没有知识、学问的人，好像是谷和米，不能食用，价值不大；有知识、学问的人，好像谷已成粟、米已成饭，可以直接利用了（《量知》）。他说："天地之性人为贵，贵其识知也。"（《别通》）"人，物也，万物之中有智慧者也。"（《辨祟》）"人之学问，知能成就，犹骨象玉石，切磋琢磨。"（《量知》）他这样早就有了"知识就是力量"的认识，是难能可贵的。

六、"见闻为"与"开心意"

王充认为教学过程包括"见闻为"感性认识与"开心意"理性认识两个阶段。

所谓"见闻为"，就是说，教学中首先要依靠耳闻、目见、口问、手做，去直接接触客观事物。他说："须任耳目，以定情实。"须经过耳目感官来确定实际情况。反之，"如无闻见，则无所状"（《实知》）。这个"状"，指的就是依靠自己所闻所见获得的感性认识在脑子里的反映。"状"，有描写、复写的意思，即感官在接触外界事物时产生的感觉和印象。王充认为这是认识的最根本的条件，圣人也逃脱不了，所以他说："不目见口问，不能尽知也。"（《实知》）他很重视日见日为的作用，他说："齐部世刺绣，恒女无不能，襄邑俗织锦，钝妇无不巧。日见之，日为之，手狎也。"（《程材》）一个普通的妇女经过日见日为也能刺绣织锦，并可以熟能生巧。相反，如果不是日见日为，即使是聪明的"材士"和"巧女"，叫他们去刺绣织锦，就显得十分笨拙了。不与外界事物相接触，不目见、耳闻、口问、手为，就不能学得知识。

所谓"开心意"，就是说，教学中不能停留在"见闻为"的感性认识阶段，他认为如果只凭耳目，只能得到片面的、不完整的或不完全正确的知识，所以还必须把感性认识加以深化提高。他说："故是非者，不徒耳目，必开心意。"（《薄葬》）即要求开动脑筋，进行理性思考。他曾批评墨子过于强调感性经验，过于相信老百姓所谓"耳目之实"的错觉迷信，以致墨子也承认鬼神，认为有鬼神存在。王充主张"铨订于内"、"以心意议"，这样才能"知一通二，达左见右"（《实知》），即用理性的认识加以审查，才能分清是非，判定真假，"订其真伪，辩其实虚"（《对作》）。总之，不能只凭耳目见闻，一定要通过内心的思考。

七、引物事以验其言行

"订其真伪，辩其实虚"的标准是什么呢？王充说："事莫明于有效，论莫定于有证。"（《薄葬》）所谓"有效"，就是与事实相符合；所谓"有证"，就是要有确实的证据。王充认为教学过程还应包括以实际效果来检验知识真伪的功夫。他对这一点很重视。他说："凡论事者，违实不引效验，则虽甘义繁说，众不见信。"（《知实》）这就是说，认识和理论必须符合客观事实，必须通过实际效果来检验，凡是符合事实效果就是正确的；否则就是错误的。违背事实效果的思想理论，即使说得再好听再动人，也是不能令人信服的。他说："引物事以验其言行"（《自然》），即引用实际事物来证实他的言论行动，这就是他注重"效验"的教学方法论。

根据以上观点，再联系到他在批判经学教育中的那些反对迷信教条、倡导独立思考的见解，可以看到王充把教学过程当做一种不为任何传统所束缚的生动的有创造性的客观过程。这也是对经学教学中所出现的先验主义和烦琐迷信教学思想的批判。

当然，由于王充的认识论基本上还是朴素的、直观的，因此他的教学思想也还是有局限性的。因为他不大了解实践在认识论中的作用，不能解决认识论中由感性认识到理性认识的辩证关系，所以他有时片面强调感性认识，有时又过分推崇书本知识。而且他提出的"引物事以验其言行"的命题，虽然确定了检验知识的客观标准问题，然而他所说的事物，大多数是一些客观事物的表面现象，还不是人们实践活动所证实了的客观真理。

　　总的说，王充教学思想中的进步主张主要表现在以下几个方面：从知识来源上看，他反对"生知"，主张"学知"；从教学过程上看，他认为教学过程应包括"见闻为"的感性认识和"开心意"的理性认识两个阶段；从教学效果上看，他注重"效验"，强调以实际效果来检验知识的真伪。这也就是王充在中国教育思想史上的主要贡献。

嵇康的教育思想

一、生平及著作

嵇康（223—262），字叔夜，谯郡铚县（今安徽宿州市）人，是魏晋之际著名的思想家、文学家。据《晋书·嵇康传》及其他史书载，他的祖先姓奚，会稽上虞人，因避怨而徙谯，安居于嵇山之侧，因而易姓嵇氏。其父名昭字子远，做过督军粮诏书侍御史，死于战时。遗下幼小的嵇康，靠寡母和兄长教养。自幼养成"旷迈不群，高亮任性，不修名誉，宽简有大量，学不师授，博洽多闻"的性格和学识。他自幼不涉经学，好读老庄，倾向玄学，好属文论，赋诗歌，弹琴咏唱，寄情山水，尚奇任侠，风度洒脱。他自称"轻贱唐虞而笑大禹"（《卜疑》），"非汤武而薄周孔"（《与山巨源绝交书》），足见他的思想的批判性格。嵇康做过曹魏政权的"中散大夫"，并与曹宗室有姻亲关系，招为魏长乐亭主婿。司马氏当政后，他隐居不仕，与阮籍、刘伶、向秀、山涛、阮咸、王戎结为"竹林之游"。他曾在太学中活动，评议时政，对司马氏集团诛杀异己、图谋篡代而又盛倡"名教"强烈不满，进行了抵制、揭露和批判。当他下狱时，太学生数千人，浩浩荡荡地聚集在大将军的相府门前，请求不要杀掉嵇康，要求留下他当老师，甚至有的还要求与嵇康一同入狱，请愿持续了两个多时辰，轰动京师。最后仍为司马氏集团所不容而惨遭杀害，死时年仅四十岁。

嵇康的著作大多是愤世嫉俗的思想表露，不仅文辞优美，而且富有强烈的时代批判精神。他留给后世的有诗六十首及论著共十卷。现在流行的有鲁迅辑校的《嵇康集》和戴明扬整理的《嵇康集校注》。

嵇康的教育思想主要反映在《与山巨源绝交书》《声无哀乐论》《养生论》《难自然好学论》《家诫》等篇章中。他的教育思想的贡献不在于一般教育和教学原则理论上的阐述与探讨，而在于以反传统的批判精神，运用玄学思想武器猛烈地批判了被曲扭了的儒家名教，否定经学教育的必要性，提出了反映时代要求的个性解放和反对礼法名教的进步教育主张，在利用和改造老庄思想的基础上，开拓了我国古代教育思想理论的新领域。

二、越名教而任自然

魏晋之际正是社会政治大动荡时期，一方面由于农民战争的洗礼，两汉以来作为统治思想的纲常名教受到了冲击，天人感应目的论遭遇"信任危机"；另一方面新的统治思想尚处在探讨、酝酿和形成的过程中，建立什么样的新观念体系才能作为门阀士族地主阶级的世界观与人生观，是当时思想家们所面临的现实问题。玄学思潮的兴起，标志着冲破旧的传统观念体系、重新寻找和建立上层建筑模式的过程开始，它检讨、反思人自身的价值和文化价值，对两汉以来以外在的功业、节操、学问为特征的价值观念发生了怀疑，而转向对自己生命、命运、生活、意义的重新发现、思索、把握与追求。也正是对外在权威的怀疑与否定，才产生内在人格的觉醒和追求。魏晋玄学思潮实质上标志着一种人的觉醒，在反传统的同时表现为消极、悲观、颓废的情绪，在这种情绪中深藏着的乃是对礼法名教和功名节操的无情批判与否定。嵇康的教育思想正是这一玄学思潮的精神体现，表现为对人生内在的真实价值的执着追求与探讨。

嵇康关于教育功能的思想是以人性论作为理论基础的。先秦两汉儒家的人性论是与道德论和教育论紧密联系的，以人性论为桥梁沟通天人关系和个人与社会的关系，其理论思维逻辑是从本体论出发，然后阐述人性论、道德论，进而落实到教育论。嵇康一反这种理论思维模式，从自然论出发阐述人性论，否定先验道德论，而落实到养生教育论。因此，嵇康的人性论突出强调了"越名教而任自然"，否定纲常名教和经学教育的必要性和合理性。

首先，他认为"人之自然之性"是"人之真性"。人性是人的自然生理之体现，所反映的是自然生命之理而不是社会人伦之理。"自然之性"的含义有二：一是指人的生理本性，它与万物的自然本性一样，是先天固有或附着于形体的，"齐万物兮超自得"（《琴赋》）；二是作为人性表现为对物质生活和精神生活的需求与欲望，也就是说人首先是一个生物体而不是伦理化了的精神实体，因此，求生欲望是人生存与发展的自在要求，"性命之自然"（《释难宅无吉凶摄生论》）。嵇康说："人性以纵欲为欢"，"故在放不在抑"。对于这种自然之性，只要善于"调节嗜欲，全息正气"，即可长生。（《养生论》）他还以神农"上药养食，中药养性"的道理说明，"诚知性命之理，因辅养以通也"。"圣人穷理尽性，宜享遐期"。（《答难养生论》）穷生命之理即可尽自然之性，穷理尽性在于养生而不在于教育。嵇康这种思想是魏晋时期求生意识的反映。当时人们一方面服药行散以求长生，追求身形的成仙；同时又重视养神，求神灵的超脱。嵇康提出养神以求长生的理论，主张超形质而重精神。重精神的养生论，使得他把庄子曾经描绘和追求的与"道"同体的理想人格思想发展到新水平，他主张通过体验真正的宇宙生命秩序来顺应自然，安时顺处，穷理尽性。所谓穷理尽性，就是把形神即主观与客观统一起来来认识和修养人性，只有穷天道之理，才能尽人类自然之性，"理"、"性"穷尽处就是天道自然，"人道合一"。这种思想对于宋代理学很有启迪意义。

基于上述人性论思想，嵇康指出："夫气静神虚者，心不存于矜尚；体亮心达者，情不系于所欲。矜尚不存乎心，故能越名教而任自然；情不系于所欲，故能审贵贱而通物情。"（《释私论》）这就是说要达到"越名教而任自然"和知人通物的境界，就应当心静无为，纵欲忘情。他还说："六经以抑引为主，人性以纵欲为欢，抑引则违其愿，纵欲则得自然。然则自然之得，不由抑引之六经；全性之本，不须犯情之礼律。故仁义务于理伪，非养真之要术；廉让生于争夺，非自然之所出也。"（《难自然好学论》）名教和自然是对立的，六经和礼法是束缚人性的，只有扬弃名教和六经对人身心的束缚，人们才有可能获得和保养人的真性。

嵇康从这种自然人性论出发，以强烈的批判精神否定传统文化和董仲舒所发展的儒家教育，认为自然人性的破坏和社会上存在的一切虚伪和狡诈的道德沦丧现象，从根本上说都是人类文化的发展和文化教育的结果。他认为儒家提倡礼乐名教更是破坏自然人性而制造一切社会罪恶的根源。他说："昔洪荒之世，大朴未亏，君无文于上，民无竞于下，物全理顺，莫不自得。"（《难自然好学论》）原始社会没有文化和教育，人的真性没有受到损害，朴实美好的风尚自然完美，天下无为而治，社会太平，君民和睦，上下无争。然而，"及至人不存，大道陵迟，乃始作文墨，以传其意，区别群物，使有类族。造立仁义，以婴其心，制其名分，以检其外，劝学讲文，以神其教；故六经纷错，百家繁炽，开荣利之涂，故奔骛而不觉。是以贪生之禽，食园池之粱菽，求安之士，乃诡志以从俗；操笔执觚，足容苏息；积学明经，以代稼穑；是以困而后学，学以致荣，计而后习，好而习成，有似自然。"（《难自然好学论》）嵇康认为文明和教育起源于"自然"破坏和"大道陵迟"，它不是社会进步而是人类走向虚伪和变性，教育的功能是消极有害的，它干扰了人类那原始完善的"大朴"之心，戕害了人的本性，使人产生荣利之心，使一帮贪生求安之士趋名若骛，好逸恶劳，以明经代稼穑，并且以后天习染而成的坏习性作为"自然"本性，造成完全虚假的政治和丑恶社会现象。嵇康主张全盘否定名教及其教育，这样，社会才会安定太平，风俗才会美化古朴，人性才能复归自然。这显然是对先秦道家思想的发展。

三、去智复性，不役于物

嵇康的文化观和教育观在很大程度上继承和发挥了老庄思想。他说："夫不虑而欲，性之动也；识而后感，智之用也。性动者，遇物而当，足则无余。智之用也，从感而求，倦而不已。故世之所患，祸之所由，常在于智用，不在于性动。"（《答难养生论》）教育是开启心智的，嵇康以为"智之用"是违反人性的，人的言行应循性而动而不应"用智"而行，乱心用智正是人们得祸生患的原因，人有祸患则生命不能善终，生活不能安顿，竭思尽智，忙忙碌碌，最终不过是为了现世生活中的荣利、功名等而短命。因此就要去智复性，反对开启心智的教育。

嵇康主张否定这种教育，因为，"凡圣人，有损己为世，表行显功，使天下慕之"。"或修身以明汙，显智以警愚，借名高于一世，取准的于天下，又勤诲善诱，聚徒三千，口倦谈议，身疲磬折，形若救孺子，视若营四海。神驰于利害之端，心骛于荣辱之途。俛仰之间，已再抚宇宙之外者。"（《答难养生论》）在嵇康看来，尧舜周孔这些所谓的圣人所倡导和躬行的教育都是违反自然人性要求的，只不过是为了个人图名争利而已，有害于人们"宝性全真"。嵇康从自然人性论出发，反对用智忘性的圣人教育，旨在反对礼法名教的伦理道德教育，反对外在的人伦道德以及功名利禄对人身心的束缚，反对虚伪的道德行为和邪恶政治，追求人自身的生命、生活价值和独立的人格。他羡慕原始社会的自然生活，企图通过对人类远古时代古朴的文明追忆，来否定现实文化和儒家六经教育的消极作用。他主张"越名教而任自然"，从表面上看似乎是老庄去巧智和去名教思想的再版，但真实用意乃在于对司马氏的虚伪名教和社会丑恶现象的揭露和批判。司马氏集团作为当时门阀士族势力的代表，是极其凶残、险毒、奢侈、荒淫的。他们以崇尚"名教"为政治旗帜，而投靠司马氏集团的所谓礼法之士，迎合这个集团统治者的意愿，为恢复那已声名狼藉的名教的权威，在理论上援道入儒，把道家的"自然"和儒家的名教粘合起来，编造一套以"自然"为本、以"名教"为末、"名教出于自然"的思想体系，借此重新解释六经，并推行这种经学教育，使之为司马氏集团统治服务。嵇康为了揭露这种假名教的虚伪性和欺骗性，揭露这种对礼教的亵渎行为，"不平之极，无计可施，激而变成不谈礼教，不信礼教，甚至反对礼教"（鲁迅，1973）[502]，嵇康认为"名教"不出于"自然"，"自然"与"名教"是根本对立的，要保全人性之真，就必须"越名教而任自然"，反对虚伪的道德教育，实行以实现生命价值为目的的养生教育。

养生教育就是教人顺人性情，循自然之法则去认识和获得"生生之理"与"自然之理"，去智巧之心，明哲保身，以实现自身生命和生活的意义。他说："人情之变，统物以理。"（《声无哀乐论》）要求得人生命之理，就要认识自然之理，"夫推类辨物，当先求之自然之理"（《琴赋》）。求自然事物之理来认识生命之理，这种思想对后世宋代理学是很有影响的。嵇康的养生教育，要求人们超然物外，洒脱世事，不为物役，绝升官发财和享乐之念，心地坦然，纯于自然无为状态中，这就是保持个体身心的净化与独立。如果以礼制欲，"抑情忍欲，割弃荣愿，而嗜好常在耳目之前，所希在数十年之后，又恐两失，内怀犹豫，心战于内，物诱于外，交赊相倾，如此复败"（《养生论》）。"心怀犹豫"、"交赊相倾"不是养生之道。嵇康认为代替"以礼制欲"的养生方法，既不是儒家的"克己复礼"，也不是放荡纵欲，而是理智地对自然之理的追求。"欲是性之动"，"人性以纵欲为欢"，这种"欲"必须是出于自然人性，放荡纵欲却不是嵇康所赞同的；嵇康反对"用智"，但这种"智"主要是指所谓文化教育所诱引出来的荣利之心，他认为有道德的人是明哲的。

嵇康的养生教育从本质上讲仍然是一种道德教育，他要求人们用"至理"去欲纠情，这自然与儒家的"养心寡欲"相一致。所不同的是，二者教育目的有别，嵇康的教育目的在于尽可能地保全生命，做尽自然之性的长寿"至人"；而儒家的教育目的是培养履践儒家人伦道德的"圣人"。嵇康的养生教育反映了当时正直的知识分子畏患忧祸的恐惧心理和对礼法名教与司马氏集团政治的强烈不满。养生教育在于劝导知识分子要小心做人，摆脱人际关系的羁绊和世俗观念影响，勿为腐朽的政权、名利、声色、滋味等诱惑而成为它们的牺牲品。可见，嵇康继承了老庄反对"人为物化"和要求"不役于物"以复归人的自然本性的教育思想，同时也反映了嵇康要求彻底摆脱外在标准、规范和束缚，以获得真正独立的自我的追求。这种人（我）的自觉意识对于形成魏晋时代的个性解放精神，对于宋明理学以人格重作本体建构具有启迪意义。同时也是对儒家道德教育理论的补充和修正，因为传统儒家是从人际关系中来确定个体的价值，而嵇康教育思想则提倡从人际关系之外来寻求个体的价值。因此，嵇康不像传统儒家那样强调学习以明人伦，相反，他反对伦理道德教育和对六经的诵读，强调摆脱人际关系的束缚并通过养生养神而实现自然存在的价值。

养生教育论表面上以反对道德教育为特征，实际上并没有跳出传统的儒家传统教育模式。嵇康所追求的理想人格只是对儒家理想人格的一种修正，所强调的仍然是对现实物质生活中名利欲望的克制和精神上的超脱，鼓励人们以消极避世的态度"以无罪自尊，以不仕为逸。游心乎道义，偃息乎卑室。恬愉无遌，而神气达"（《答难养生论》）。这种教育理论的实践意义在于教育了那些对现实政治不满而去过隐逸生活的知识分子，使得他们对恶劣环境和腐朽政治采取不合作态度，忘怀得失，洁身自好，明哲保身，从而摆脱利害，超脱种种庸俗无聊的现实计较和生活束缚，高举远慕，怡然自适，与活泼流动、盎然生意的大自然打成一片，从中获得生活的力量和生命的意趣。事实上，养生教育论从新的角度开辟了一条自我完善人格、保全生命、坚持节操的道德修养道路，教育了中国历代知识分子在巨大政治失败或不幸之后不要毁灭自己或遁入空门，实际上是儒家"天下无道则隐"教育思想的发挥，在陶冶、培育和丰富人的精神世界和心灵境界方面有不可忽视的作用。

四、对经学教育的批判

汉代经学到东汉末年尽管越来越衰落了，但是魏晋时期的教育仍然是汉代经学占有统治地位，玄学只是在上层少数知识分子中探讨、研究和宣传。这一时期经学教育的特点是由汉代的注重章句训诂变为注重义理研讨，一些经学博士打破两汉师法家法的束缚，在注经时广采众说，自出新意，逐步向玄学化方向发展，以便使教育更好地为统治阶层服务。在此时代背景下，代表门阀士族政治集团利益的玄学家为恢复、改造经学教育，大造"名教出于自然"的舆论，极力论证经学教育的必要性和合理性。

嵇康以强烈的义愤批判了这种经学教育理论与实践，《难自然好学论》比较集中地表达了他对经学教育的态度和思想。

《难自然好学论》是针对张辽叔《自然好学论》而阐发的。《自然好学论》代表了魏晋时期玄学教育家维护礼法名教的立场和观点，认为喜怒哀乐爱恶欲惧之情是生之自然，好学之情亦出自人之天性，如趋光避暗一样，人总是有精神向慕的，"长夜之冥，得照太阳，情变郁陶"。同理，不学如长夜，六经如太阳，好学六经是出于人之天性，如长夜得照太阳。因此"即使六艺纷华，名利杂诡，计而复学，亦无损于有自然之好也"（《自然好学论》）。它是以自然人性论来证明六经教育的合理性的，也是"名教出于自然"的思想在教育理论上的反映。

为了批判这种谬论，嵇康的《难自然好学论》从三个方面论证，反驳了这种观点。

第一，从人类发展史来论证，洪荒之世，人类处于原始文明状态，饱食安寝，亦物全理顺，根本没有什么"仁义"和"礼律"，只是原始文明破坏之后才有人为的"仁义"、"名分"、"劝学讲文"，于是六经纷错，百家繁炽。统治者以六经取士，荣利之途一开，"求安之士"就奔之若鹜，"操笔执觚，积学明经"，其目的在于"致荣"与"代稼穑"而已，可见人非自然好学的，相反，经学教育破坏了人的自然美朴本性。

第二，从人性论论证，"六经以抑引为主，人性以纵欲为欢"，抑引与纵欲是完全对立的，因此六经是压抑人性的发展，是与养性全真的修养方法背道而驰的。六经教育教人知"仁义"、"名分"、"廉让"，而"仁义务于理伪，非养真之要术，廉让生于争夺，非自然之所出也"，如以趋光避暗来证明"六经为太阳，不学为长夜"，则完全是以违背人性的社会教育现实为根据，而不是以自然人性为前提。他批评张辽叔道："今子立六经以为准，仰仁义以为主，以规矩为轩驾，以讲诲为哺乳，由其涂则通，乖其路则滞，游心极视，不睹其外，终年驰骋，思不出位，聚族献议，唯学为贵，执书摘句，俛仰咨嗟，使服膺其言。"这种后天人为扭曲的人情和"唯学为贵"的"好学"现象，绝非自然人性的体现。人性是以纵欲为欢的，它"好逸恶劳"，"安静无为"，而经学教育是一件劳神费心的苦事，与人性恰恰相反。可见"好学"不是出于"自然"的。

第三，从价值观上论证，自然好学论的价值标准是错误的。"今若以明堂为丙舍，以讽诵为鬼语，以六经为芜秽，以仁义为臭腐，睹文籍则目瞧，修揖让则变伛，袭章服则转筋，谭礼典则齿龋。于是兼而弃之，与万物为更始，则吾子虽好学不倦，犹将阙焉；则向之不学，未必为长夜，六经未必为太阳也。"再者，"若遇上有无文之始，可不学而获安，不勤而得志，则何求于六经，何欲于仁义哉?"嵇康以反传统的价值观批判了"自然好学论"者的价值标准，揭示了社会价值观对教育功能认识的决定意义，不同的价值观影响人们对文化和教育的看法。与"自然好学论"相反，嵇康认为六经是芜秽，仁义是臭腐，"人是并不好学的，假如一个人可以不做事而又有饭吃，就随便闲游不喜欢读书了，所以现在人之好学，是由于习惯和不得已"（鲁迅，1973）[500]。一针见血地指出六经和礼律教育都是束缚人性的，"自然好学论"纯粹是欺人之谈。

但是，嵇康批判六经和经学教育，在否定礼法名教和菲薄儒家的同时，并没有提出新的教育理论或观点，而是一味地以庄排儒，鼓吹"绝智弃学，游心于玄默"，引导人们向慕原始文明时期的自然古朴风尚和无"劝学讲文"的教育状态，在反传统文化和反传统经学教育的同时，也全盘否定了文化和教育的进步作用与意义。

嵇康批判经学教育是深刻的，他指出经学教育不仅束缚人性，而且束缚思想，阻碍人们求"自然之理"。首先，在是非标准上，经学教育"立六经以为准"，"以周孔为关键"（《难自然好学论》），今文经学和谶纬迷信结合在一起，把孔子说成"前知千岁，后知万世"的神。因此，孔子的学说和经学名教便成了一切立论的根据和衡量人们认识正误的准绳，从而使人们在这种偶像的阴影下窒息了自己的思想。其次，经学教育烦琐的考据和以多求同的证明方法，影响了人们对客观事物之理的探求，经学教育方法论是"以多自证，以同自慰，谓天地之理，尽此而已矣"（《养生论》）。这样，"以多同自减，思不出位，使奇事绝于所见，妙礼断于常论"（《答难养生论》）。嵇康主张"推类辨物，当先求自然之理。理已定，借古义以明之耳"（《声无哀乐论》）。自然之理在自然事物之中，"天地广远，品物多方，智之所加，未若不知者众也"（《答释难宅无吉凶摄生论》）。只有跳出六经樊笼，放开眼界，才能"见沟浍不疑大海之大，睹丘陵则知太山之高"。否则，只能是"海人所以终身无山，山客白首无大鱼"（《答释难宅无吉凶摄生论》）。嵇康反对人云亦云和故步自封，提倡独立思考，"独观"和"探赜索隐"，认为认识自然之理不仅凭闻见感知，还必须诉诸理性判断，这种敢于突破经学传统，强调认识的能动性和创造性的观点，富有自己的独见。

总之，嵇康批判经学教育，主张思想解放，抛弃经学教育对人身心的束缚，"越名教而任自然"，提倡养生教育，以保全和实现自我生命、生活意义为目的，这种新的教育价值观和文化观，反映了魏晋时期教育新思潮的兴起与特点，表现了嵇康在不满、怀疑、批判假礼法名教的同时，以执着的态度来改造、扬弃和维护儒家礼教。直至他在狱中写下的《家诫》，仍恳切劝诫他的儿子要按照儒家礼教小心做人，明哲保身，屈己从俗，舍己从人。嵇康的教育思想是魏晋之际儒家教育思想的变态表现，是儒家内部的自我反省与批判的反映。嵇康采取以庄排儒态度，企图重建

第三 嵇康的教育思想

适合时代需要的人生观、世界观、教育观和价值观，事实上他是在探索、寻找儒道两家的结合点，融合两家学说。他的上述做法与见解，虽然难免过激或粗糙，但是其影响是深远的，不论是对当时方兴未艾的玄学思潮还是后来的宋代理学教育思潮，都起过一定的启发作用。

第
四

葛洪的教育思想[①]

一、生平及道教思想

葛洪（约283—363），生于西晋中期，字稚川，自号抱朴子，丹阳句容（今江苏句容）人。少时家境贫寒，砍柴换纸墨自学，好儒学，习《孝经》《论语》《诗》《易》等儒家经典，又广泛涉猎"诸子百家之言"，后又兼及神仙导养之术，从葛玄的弟子郑隐受炼丹之术。因镇压石冰领导的农民起义有功，授伏波将军。司马睿为丞相时，用为司徒属官，后任咨议、参军等职，赐爵关内侯。晚年辞官谢客，在罗浮山精研炼丹。他的道教思想主要是炼丹成仙，属道教中的丹鼎派。

葛洪著有《抱朴子》《神仙传》《隐逸传》以及其他医药炼丹

---

① 山西师范大学陈德安教授主编了《中国道家道教教育思想史（先秦至隋唐卷）》（社会科学文献出版社，2008），其中"葛洪的教育思想"一章写得很精彩，本章的观点与资料主要采用这本书的，谨向陈德安教授和他领导的团队致敬。

之书多种。其代表作《抱朴子》分内篇二十篇、外篇五十篇。他在外篇的《自叙》中说："其内篇言神仙方药，鬼怪变化，养生延年，禳邪祛祸之事，属道家。其外篇言人间得失，世事臧否，属儒家。"可见《抱朴子》是把道教的神仙思想和儒家的礼法思想结合起来了。

葛洪道教理论体系的最高概念是"玄"，"玄"也叫做"元"、"道"、"一"。很明显，这些概念都来自《老子》。葛洪认为"玄"即是"玄道"或"道"，它是天地万物的总根源。"玄者，自然之始祖，而万殊之大宗也。"（《抱朴子·内篇·畅玄》）万事万物（万殊）都是由"玄"产生的。而"玄"的性质和作用，在他看来，是深远高旷，无所不在，包罗万象，无所不有，行云施雨，无所不为，无所不能。一切都从"玄"和"道"产生，万事万物从"玄"和"道"得到其精神性和规定性。

"玄"或"道"无形无象，其高可"冠盖九霄"，其旷可"笼罩乎八隅"，"眇昧乎其深也，故称微焉；绵邈乎其远也，故称妙焉"（《抱朴子·内篇·畅玄》），从"无"这个方面说，它比影子和回音还要虚无；从"有"这个方面说，它比实际存在着的万物还要实在。"论其无，则影响犹为有焉；论其有，则万物尚为无焉。"（《抱朴子·内篇·道意》）即虚无中妙有，妙有中虚无。在葛洪看来，"玄"虽具有天地万物之本体的形式，却更具有产生天地万物的精神性实体的特点。这样，"玄"或"道"似乎具有了造物主的地位和身份，只要人们能与这种神秘的超自然的力量相结合，有限的个体的人即可超出有限，超出个体而具有神秘的无限超自然力。

葛洪在关注"玄"、"道"的同时，还对"气"赋予了本体的意义。他说："夫人在气中，气在人中，自天地至于万物，无不需气以生矣。"（《抱朴子·内篇·至理》）这种"气"也存在于人的生命中。人如果通过"气"的修炼达到"守一"，使自己与"元一"合而为一，那么其"守一存真，乃能通神"，即能永生，精神就可以不离开身体而永恒存在。他把修仙之人叫做"冥思玄道"，即所谓"夫玄道者，得之乎内，守之者外，用之者神，忘之者器，此思玄道之要言也"（《抱朴子·内篇·畅玄》）。这个"玄道"，就是道教的思想体系的主核，来源于《老子》，而葛洪赋予了其炼丹成仙的道教意义。

葛洪认为："天地之间，无外之大，其中殊奇，岂遽有限？"（《抱朴子·内篇·论仙》）天地之间的变化无穷无尽，任何一种可能性都不可轻易排除。他说："夫存亡始终，诚是大体。其异同参差，或然或否，变化万品，奇怪无方，物是事非，本钧末乖，未可一也。"（《抱朴子·内篇·论仙》）即他认为宇宙万物的变化是有规律的，但是并非千篇一律，一个模式，总有许多例外。这一观点是为他的神仙世界作论证的，他证明万事万物变化中的例外，就是为了证明人之生死规律也有例外，人基本上都在生死循环之中，而不死成仙则是规律之外的事。所以他认为，人的有目的的活动可以改变万事万物变化之轨迹："泥壤易消者也，而陶之为瓦，则与二仪齐其久焉；柞楷速朽者也，而燔之为炭，则可亿载而不败焉。"（《抱朴子·内篇·至理》）泥土被人烧成陶器，木头被人烧成焦炭，这都改变了事物的变化轨迹。他依此认为，人可以用自己的力量改变生命轨迹，达到"我命由我不由天"（《抱朴子·内篇·黄白》）的自由世界。

二、入世：治国安邦，出世：得道成仙

道家、道教一般主张教育目的在于培养"真人"、"至人"或"上士"、"长才"等。所谓"真人"者，就是修真得道之人，即以修身养性为要，达到与天地万物融为一体的境界，即"天地与我并生，而万物与我为一"（《庄子·齐物论》）的境界。

葛洪把"上士"当做道教的理想培养目标。"上士"既可举形升虚为神仙，又可佐时治国为"长才"，这是葛洪心中最理想的人才。他说："长才者兼而修之，何难之有？内宝养生之道，外则和光于世，治身而身长修，治国而国太平。以六经训俗世，以方术授知音。欲少留则且止而佐时，欲升腾则凌霄而轻举者，上士也。自恃才力，不能并成，则弃置人间，专修道德者，亦其次也。"（《抱朴子·内篇·释滞》）

葛洪认为儒道本来"殊途同归"（《抱朴子·外篇·逸民》），二者既可以互相补充，又可以互相调和。因此，他主张儒道"兼而修之"，力图把道教长生成仙的理想与儒家的纲常名教结合起来。所以葛洪认为"上士"必须具备儒道双修的素质，入世则可以治国安邦，出世则可以得道成仙。如果两者不可兼得，则应放弃世俗的念头，专修仙道。

葛洪认为修道不能脱离人世。"古人多得道而匡世，修之于朝隐，盖有余力故也，何必修于山林，尽废生民之事，然后乃成乎？"（《抱朴子·内篇·释滞》）他的教育目标就是要培养既修长生又兼济世的"上士"。因此"上士"并非是栖遁山林，"尽废生

民之事”才能修成的，而是要做到既经时济世，又最终超凡入仙。他主张“上士得道于三军，中士得道于都市，下士得道于山林”（《抱朴子·内篇·明本》）。既能佐时治国，又能轻举升仙的“上士”，是葛洪心目中理想的修仙者形象，也是他所追求的最完美的人生价值目标。葛洪本人就是这一目标的具体体现，既能带兵打仗，扬威于三军，又可修道炼丹，以神仙垂名后世。

葛洪的理想人格是黄帝、老子这些既成仙得道又兼综礼教、治国致太平的“道者之圣”。他说：“黄帝能治世致太平，而又升仙，则未可谓之后于尧舜也。老子既兼综礼教，而又久视，则未可谓之为减周孔也。”（《抱朴子·内篇·明本》）他认为黄帝高于尧舜，老子也在周公孔子之上。要想达到黄老之境界，就必须儒道双修，偏道偏儒均不可取。

不过在儒道之间，他还是认为道本儒末、道先儒后。“道者，儒之本也；儒者，道之末也”。（《抱朴子·内篇·明本》）他把儒道看成一个事物的两个方面，道为本，儒为末，二者不可分。只不过道是造成天地万物乃至人类人伦礼教的总根源，是宇宙的普遍法则。在《明本》篇中，葛洪把儒道对待世事俗务、荣辱进退、功名利禄的态度作了比较：“夫升降俯仰之教，盘旋三千之仪，攻守进取之术，轻身重义之节，欢忧礼乐之事，经世济俗之略，儒者之所务也。外物弃智，涤荡机变，忘富逸贵，杜遏劝沮，不恤乎穷，不荣乎达，不戚乎毁，不悦乎誉，道家之业也。儒者祭祀以祈福，而道者履正以禳邪。儒者所爱者势利也，道家所宝者无欲也。儒者汲汲于名利，而道家抱一以独善。儒者所讲者，相研之簿领也。道家所习者，遣情之教戒也。”儒道之区别，灿然明矣。所以葛洪认为："夫道者，其为也，善自修以成务；其居也，善取人所不争；其治也，善绝祸于未起；其施也，善济物而不德；其动也，善观民以用心；其静也，善居慎而无闷。此所以为百家之君长，仁义之祖宗也。"（《抱朴子·内篇·明本》）所以在教育培养"上士"的过程中，应以道家道教思想为核心，兼采儒家之所长，这是葛洪教育思想的根本特点。

"道"、"玄"、"一"是葛洪思想体系的哲学基础，也是他培养"上士"所必须有的基本的教育内容。葛洪心目中的道是宇宙的本体和本源，要想成为同化宇宙的"上士"，就必须掌握"道"、"玄"、"一"。道，作为最高精神实体存在于人体内，就是"元一"或"真一"，它具有人格化的特点，是存在于人体内的神秘的灵物。他说："一有姓字服色，男长九分，女长六分，或在脐下二寸四分下丹田中，或在心下绛宫金阙中丹田也，或在人两眉间，却行一寸为明堂，二寸为洞房，三寸为上丹田也。"（《抱朴子·内篇·地真》）这样，作为与道、玄并称，同为自然之始祖、万殊之大宗的"一"，便成了"男长九分，女长六分"，可以守之勿失的具体存在物了。在葛洪看来，人只要修炼守一，使自己与"真一"合而为一，就可以长生不老而成仙。因此，"玄"、"道"、"一"是"上士"所必须修炼的内容。

葛洪重视用儒家思想教育士人。他说："今圣明在上，稽古济物，坚堤防以杜决溢，明褒贬以彰劝沮，想宗室公族，及贵门富年，必当竞尚儒术，搏节艺文，释老庄之意不急，精六经之正道也。"（《抱朴子·外篇·崇教》）贵族子弟可以把佛老先放一放，但对儒家六经圣典则不可不勤学。只有"臣之以六艺，轨之以忠信"（《抱朴子·外篇·君道》），才可以使他们成为社会的有用之才。因此"儒学之事，亦不可偏废也"（《抱朴子·外篇·审举》)。在儒学教育中，要"以三坟为金玉，五典为琴筝，讲肆为钟鼓，百家为笙簧，使味道者以辞饱，醑德者以义醒"（《抱朴子·外篇·安贫》)。所谓"三坟五典"，相传为古书名，"三坟"为伏羲神农黄帝之书，"五典"为少昊颛顼高辛尧舜之书，同时辅以百家之言，分别类型，因材施教。即使道德品行有缺陷者，亦可以通过六艺教育，臻于完备，即所谓"六艺备则卑鄙化为君子"（《抱朴子·外篇·博喻》)。他还说："盖人之有礼，犹鱼之有水矣。鱼之失水，虽暂假息，然枯糜可必待也。人之弃礼，虽犹面见然，而祸败之阶也。""安上治民，非此莫以。"（《抱朴子·外篇·讥惑》) 可见葛洪很重视儒家礼法的教育作用。

葛洪说："正经为道义之渊海，子书为增深之川流。"（《抱朴子·外篇·尚博》) "莫不贵仁，而无能纯仁以致治也；莫不贱刑，而无能废刑以整民也。"（《抱朴子·外篇·用刑》) 在儒经与诸子百家之间、在仁德与刑罚之间，葛洪都注意兼采并用。

由此可见，葛洪主张道教的教育内容是"一个中心"："玄道"思想，只有掌握了其精髓，才能得道成仙；"两个基本点"："儒家"与"诸子百家"，或"仁德"与"刑罚"，在成道过程中还须立足现实，佐时治国。

三、德行者，本也

葛洪重视道德教育，认为道德教育是得道成仙的重要前提。

"上士""若德行不修，而但务方术，皆不得长生也"（《抱朴子·内篇·对俗》）。葛洪把德行视为人生之根本、修炼之大端。"德行者，本也。"（《抱朴子·外篇·尚博》）"所以贵德者，以其闻毁而不惨，见誉而不悦也。"（《抱朴子·内篇·塞难》）不以物喜，不以己悲，荣辱名利皆不动心，这才是大德之士，也即葛洪提倡的贵德教育的最高境界。

（一）积善弃恶

葛洪告诫人们不要"以小善为无益而不为，以小恶为无损而不止，以至恶积而不可掩，罪大而不可解"（《抱朴子·外篇·疾谬》）。他要求人们，善虽小也要坚持去做，恶虽小也要断然止住，积累善德、止恶行善才能使自己成为道德高尚的人。要想得道成仙，必须积善弃恶。

所谓积善，包括："慈心于物，恕己及人，仁逮昆虫，乐人之吉，愍人之苦，赒人之急，救人之穷，手不伤生，口不劝祸，见人之得如己之得，见人之失如己之失。不自责，不自誉，不嫉妒胜己，不佞谄阴贼。"（《抱朴子·内篇·微旨》）

所谓弃恶，包括：憎善好杀，口是心非，虐害其下，欺罔其上，叛其所事，受恩不感，弄法受赌，纵曲枉直，废公为私，刑如无辜，破人之家，收人之宝，害人之身，取人之位，弹射飞鸟，刳胎破卵，教人为恶，蔽人之善，危人自安，佻人自功，坏人佳事，夺人所爱，离人骨肉，辱人求胜，取人长钱，还人短陌，决放水火，以术害人，以恶易好，掳掠致富，不公不平，凌孤暴寡，好说人私，持人长短，假借不还，换贷不偿，求欲无已，憎拒忠信，不顺上命，不敬所师，笑人作善，败人苗稼，损人器物，轻秤小斗，以伪杂真，采取奸利，等等。(《抱朴子·内篇·微旨》)他告诉人们，只有慈善为怀、助人为乐，才会得上天福佑；否则，多行不义，"不修善事，则为恶人"(《抱朴子·外篇·刺骄》)。

（二）知足寡欲

葛洪继承了老庄思想，奉行安时处顺、知足常乐的人生哲学。"乐天知命，何忧何虑？安时处顺，何怨何忧？"(《抱朴子·外篇·名实》)"知足者，常足也；不知足者，无足也。常足者，福之所赴也；无足者，祸之所钟也。""祸莫大乎无足，福无厚乎知止。"(《抱朴子·外篇·知止》)这些话与老子"祸莫大于不知足"、"知足之足常足矣"的思想是一脉相承的。

知足与寡欲密不可分。葛洪说："人能淡默恬愉，不染不移，养其心以无欲，颐其神以粹素，扫涤诱慕，收之以正，除难求之思，遣害真之累，薄喜怒之邪，灭爱恶之端，则不请福而福来，不禳祸而祸去矣。何者，命在其中，不系于外，道存乎此，无俟于彼也。"(《抱朴子·内篇·道意》)他强调知足寡欲，内修性命，宁静守真，这是道德教育的重要原则。如果相反，"情感物而外起，智接事而旁溢，诱于可欲，而天理灭矣。惑乎见闻，而纯一迁矣。心受制于奢玩，情浊乱于波荡，于是有倾越之灾，有不振之祸。"(《抱朴子·内篇·道意》)宋明理学的"存天理，灭人欲"思想，在此已见端倪。

（三）淡泊守一

葛洪认为，要想修道成仙，必须淡泊名利。他说："学仙之法，欲得恬愉淡泊，涤除嗜欲，内视反听，尸居无心。"(《抱朴子·内篇·论仙》)但是外在的诱惑太多了："荣华势利诱其意，素颜玉肤惑其目，清商流徵乱其耳，爱恶利害搅其神，功名声誉束其体，此皆不召而自来，不学而已成。"·（《抱朴子·内篇·至理》）断拒诱惑，涤除嗜欲恶习，要加强修炼，必须"思神守一"。葛洪认为"真一"、"元一"作用很大。"天得一以清，地得一以宁，人得一以生，神得一以灵。"（《抱朴子·内篇·地真》）通过"思神守一"，达到淡泊宁静的境界："荣华势利，譬如寄客，既非常物，人其去不可得留也。隆隆者绝，赫赫者灭，有若春华，须臾凋落。得之不喜，失之安悲？"（《抱朴子·内篇·自叙》）

（四）潜移默化

葛洪重视道德教育中的潜移默化的原则，因为他意识到道德行为可以从量的积累达致质的飞跃，发生重大的影响。他曾比喻说："盈乎万钧，必起于锱铢；竦秀凌霄，必始于分毫。"（《抱朴子·外篇·博喻》）又说："百寻之室，焚于分寸之飚；千丈之陂，溃于一蚁之穴。何可不深防乎！"（《抱朴了·外篇·百里》）"故博其施者，未若防其微。"（《抱朴子·外篇·疾谬》）防微杜渐，潜移默化，预防为主，这是中国人的思维方式。即所谓"至人消未起之患，治未病之疾，医之于无事之前，不追之于既逝之后"（《抱朴子·内篇·地真》）。"上工治未病"，"禁于未发之谓预"，这是中国传统。所以葛洪说："洁身养性，务谨其细，不可以小益为不平而不修，不可以小损为无伤而不防。凡聚小所以成大，积一所以致亿也。若能爱之于微，成之于著，则几乎知道矣。"（《抱朴子·内篇·极言》）

葛洪要求人们一方面防患于未然，防止不良道德行为习惯的影响，否则，一旦萌芽长成大树，再想禁止就难了；另一方面不断积累小的善行，积一致亿，"积微致著，累浅成深"（《抱朴子·外篇·疾谬》），才能达到高尚的道德境界。他说："乾坤陶育，而庶物不识其惠者，由乎其益无方也。大人神化，而群细不觉其施者，由乎治之于未有也。"（《抱朴子·外篇·博喻》）"不觉其施"即指在不知不觉中受到"陶育"，即受到潜移默化的影响。葛洪认为这种德育原则是可取的，只有不断地积累小善，使自身的善日益增大，恶日益减少，最后才能成为具有高尚道德情操的得道者，达到理想的道德标准。否则，"不修善事，则为恶人"。（《抱朴子·外篇·刺骄》）

四、吾非生而知之

葛洪强调了认知对人的重要意义，否定生而知之的先验论，"吾非生而知之"，得道成仙也"非生知也"。（《抱朴子·内篇·明本》）强调无论什么知识，都是靠学习获得的。"不学而求知，犹愿鱼而无网焉，心虽勤而无获矣。"（《抱朴子·外篇·勖学》）不学习而想获取知识，就像求鱼而无网，最终不会有任何收获。

葛洪认为："夫学者，所以清澄性理，簸扬埃秽，雕锻矿璞，砻炼屯钝，启导聪明，饰染质素，察往知来，博涉劝戒。"（《抱朴子·外篇·勖学》）学习就是清澄天性，去掉秽污，雕琢锻炼，开启智慧；清除后天各种"污染"、不良习俗，对先天"质素"进行养成与培育，进而促进每个个体的发展。"仰观俯察，于是乎在，人事五道，于是乎备。进可以为国，退可以保己。"（《抱朴子·外篇·勖学》）上观天文，下察地理，为人处世，治国安邦，无不通过学习认知来培养，因此，学习无论对个人修养还是对国家社会的发展都有重要意义。葛洪认为，学习的原则方法是十分重要的。"凡事无巨细，皆宜得要。若不得其法，妄作酒酱醋羹臛犹不成，况大事乎？"（《抱朴子·内篇·黄白》）方法不当，就连酿酒醋酱之类的小事都难以做好，所以认知培养这类大事更须注意原则方法了。

（一）循序渐进

葛洪主张学习应由浅入深、从易而难、循序渐进、步步深入。"凡学道当阶以涉深，由易以及难……学近术以辟邪恶，乃可渐防精微矣。"（《抱朴子·内篇·微旨》）他说学道的过程，应遵循由易到难的顺序。"初以授人，皆从浅始"，经过一定阶段的学习后，"方乃告其要耳"。（《抱朴子·内篇·释滞》）浅是基础，是入深的阶梯；基础很重要，基础打不好，就不可能深入，不可能接近本质。"宜得本末，先从浅始，以劝进学者，无所希准阶由也。"（《抱朴子·内篇·遐览》）他还说："达其浅者则能役用万物，得其深者，则能长生久视。"（《抱朴子·内篇·对俗》）他告诫学生要根据自己的情况，脚踏实地，打好基础，循序渐进，遂入佳境，长生久视，得道成仙。

（二）立志勤求

葛洪重视为学与立志的关系。他说："学之广在于不倦，不倦在于固志。志苟不固，则贫贱者汲汲于营生，富贵者沉沦于逸乐。"（《抱朴子·外篇·崇教》）志向确立，一定要坚持下去。葛洪认为，"非有至志，不能久也。"（《抱朴子·外篇·地真》）"志

诚坚果，无所不济。"（《抱朴子·内篇·微旨》）

"志诚坚果"，体现在勤学苦练上。他说："夫周公上圣，而日读百篇。仲尼天纵，而韦编三绝。墨翟大贤，载之盈车。仲舒命世，不窥园门。倪宽带经以芸锄，路生截蒲以写书，黄霸抱桎梏以学业，宁子勤夙夜以倍功。"（《抱朴子·外篇·勖学》）这些都是先贤勤学的典范，以至达到"昼夜修习，废寝与食"（《抱朴子·外篇·省烦》）的境地。

葛洪认为为学求道之人"莫不负笈随师，积其功勤。蒙霜冒险，栉风沐雨，而躬亲洒扫，契阔劳艺，始见之以信行，终被试以危困，性笃行贞，心无怨贰，乃得升堂以入于室"（《抱朴子·内篇·极言》）。苦学勤求，方可升堂入室，因为"其信道者，则勤而学之"（《抱朴子·内篇·明本》）。"不经勤苦，亦不可仓卒而尽知也。"（《抱朴子·内篇·塞难》）

（三）积学问辩

葛洪认为求学靠长期积累。他说："华衮灿烂，非只色之功；嵩岱之峻，非一篑之积。"（《抱朴子·外篇·博喻》）成就的取得，非一朝一夕所致，而是长期积累的结果。"积微致著，累浅成深。"（《抱朴子·外篇·疾谬》）

葛洪提倡博学，但强调要遵循"多闻体要，博见而善择"（《抱朴子·内篇·微旨》）的原则。既要广泛涉猎各种学问，又要把握其主旨；既要博闻多见，又要善于抉择。"古书者虽多，未必尽美，要当以为学者之山渊，使属笔者得采伐渔猎其中。然而譬如东瓯之木，长洲之林，梓豫虽多，而未可谓之为大厦之壮观，华屋之弘丽也；云梦之泽，孟诸之薮，鱼肉之虽饶，而未可谓之

为煎熬之盛膳，渝狄之嘉味也。"（《抱朴子·外篇·钧世》）

积累知识的同时，葛洪还主张问辩。他说："学以聚之，问以辩之。"（《抱朴子·外篇·勖学》）"夫读五经，犹宜不耻下问，以进德修业，日有缉熙。"（《抱朴子·内篇·勤求》）葛洪重视中国传统的"学、问、思、辨、行"的学习原则方法的实际继承与运用。

（四）承师问道

葛洪认为学道者必须承师问学，否则不会有什么成果。他说："诚欲为道，而不能勤求明师……而但昼夜诵讲不要之书，数千百卷，诣老无益。"（《抱朴子·内篇·勤求》）这是因为修道之书，"指归深远，虽得其书而不师授，犹仰不见首，俯不知跟"（《抱朴子·内篇·明本》）。明师指导非常重要。"专心凭师，依法行道，济身度世，利在永亨，事师尽教，得道为期，承问候色也。不尽力明师道，有罪不可除也。学道得明师事之，害乱不得发也。"（《抱朴子·内篇·佚文》）

所以"务学不如择师"（《抱朴子·内篇·微旨》）。但择师务必慎重，"将来之学者，虽当以求师为务，亦不可以不详择为急也"（《抱朴子·内篇·勤求》）。选择明师十分重要，否则"承师问道不得其人，委去则迟迟冀于有获，守之则终已竟无所成，虚费事妨功，后虽痛悔，亦不及已"（《抱朴子·内篇·祛惑》）。

葛洪要求学生尊敬老师，虽然"帝王之贵，犹且卑降以敬事之"（《抱朴子·内篇·勤求》），何况一般常人呢？他把"不敬所师"作为恶事之一（《抱朴子·内篇·微旨》），认为"明师之恩，诚为过于天地，重于父母多矣，可不崇之乎?"因为"人生先受精神于天地，后禀气血于父母，然不得明师，告之以度世之道，则无由免死，凿石有余焰，年命已凋颓矣"（《抱朴子·内篇·勤求》）。父母生养儿女，却没给免死的能力，只有明师授以度世之道，使生命不会昙花一现。从这个意义上说，明师的作用超过了天地父母。所以学生应尊师，给老师以优厚的待遇，使老师能安心于传道授业。"师不足奉，亦无由成也。"（《抱朴子·内篇·勤求》）葛洪还列举夏侯胜给汉太后讲《尚书》，张禹为汉成帝讲《论语》以及桓荣给汉章帝讲《孝经》等事例，说明帝王如何从内心敬重老师，并给予老师以优厚待遇，启发天下弟子应如何尊师重教。

五、养生之道

葛洪说："天地之大德曰生，生，好物者也。是以道家之所至秘而重者，莫过乎长生之方也。"（《抱朴子·内篇·勤求》）这同《太平经》《老子想尔注》一脉相承，强调养生之道、长生之方、形神相须、生道合一。葛洪说："《龟甲文》曰：我命在我不在天，还丹成金亿万年。古人岂欺我哉!"（《抱朴子·内篇·对俗》）人的生死存亡，年寿长短，决定于自身，而非决定于天命。葛洪强调形体的锻炼、精神的养护，可以延年益寿："耳目聪明，骨节坚强，颜色悦怿，老而不衰，延年久视，出处任意。寒温风湿不能伤，鬼神众精不能犯，五兵百毒不能中，忧喜毁誉不为累，乃为贵耳。"（《抱朴子·内篇·黄白》）

（一）禹步法

在《抱朴子·内篇》中有两处（《仙药》和《登涉》）明确记载了道士作法时的一种特殊步伐，传说是大禹治水时创立的，故称为禹步法："正立，右足在前，左足在后，次复前右足，以左足从右足并，是一步也。次复前右足，次前左足，以右足从左足并，是二步也。次复前右足，以左足从右足并，是三步也。如此，禹步之道毕矣。凡作天下百术，皆宜知禹步。"（《抱朴子·内篇·登涉》）①

葛洪还在《抱朴子·内篇·杂应》中记载了坚齿、聪耳、明目的方法。如坚齿之法："能养以华池，浸以醴液，清晨建齿三百过者，永不摇动。"每天早晨叩齿咽津，对牙齿有保健作用。聪耳之法："能龙导虎引，熊经龟咽，燕飞蛇屈鸟伸，天俯地仰，令赤黄之景，不去洞房，猿据兔惊，千二百至，则聪不损也。"这种模仿龙、虎、熊、龟、燕、蛇、鸟、猿、兔的导引术，是对华佗五禽戏的继承和发展。通过导引炼形，使精血充盈，肾气旺益，听力自然就会好。明目之道："能引三焦之升景，召大火于南离，洗之以明石，熨之以阳光，及烧丙丁洞视符，以酒和洗之，古人曾以夜书也。"这是以导引除三焦之热，并辅以药剂，清目养肝，对眼睛确有保健作用。

---

① 20 世纪七八十年代，美籍华人、国画家、气功师郭林创《新气功疗法》，是强健身心之良法。其中"快步行动"对防治急性病，"慢步行动"对防治慢性病颇有疗效。据郭林老师说，她祖父是"老道"，她从小修炼过道教功。她的《新气功疗法》是从传统的道教功改进而成，或许就是从禹步功法逐渐演变而成的。安徽科学技术出版社出版过该书，由北京师范大学陶秉福教授整理而成。笔者当年曾跟随郭林老师学习过"慢步行动"，至今还坚持练习，确为锻炼身心之良法。

（二）精神调养

禹步法及坚齿、聪耳、明目之法属形体锻炼，目的在于健身。葛洪认为健身的同时还要健心，身心是统一的。所谓健心，即注意精神调养："遐栖幽遁，韬鳞掩藻，遏欲视之目，遣损明之色，杜思音之耳，远乱听之声，涤除玄览，守雌抱一，专气致柔，镇以恬素，遣欢戚之邪情，外得失之荣辱，害厚生之腊毒，谧多言于枢机，反听而后所闻彻，内视而后见无朕，养灵根于冥钧，除诱慕于接物，削斥浅务，御以愉慔，为乎无为，以全天理尔。"（《抱朴子·内篇·至理》）不为外物所惑，不为喜忧所伤，淡泊宁静，泰然无为，使精神常处安怡状态，自然有益身心健康。正如《黄帝内经》所说："恬淡虚无，真气从之，精神内守，病安从来？"

葛洪强调"精神内守"，"以不伤为本"。他还列举了不利于养生之道的各种伤害："才所不逮而困思之，伤也；为所不胜而强举之，伤也；挽弓引弩，伤也；沉醉呕吐，伤也；饱食即卧，伤也；跳走喘乏，伤也；欢呼哭泣，伤也；阴阳不交，伤也；积伤至尽则早亡，早亡非道也。"（《抱朴子·内篇·极言》）养生之道，其实就是养精、养气、养神，关键在于调心、养心。饮食有节，起居有常，不妄作劳，形与神俱。一切顺从自然，阴阳不废，阴阳不偏，阴阳平和，阴阳互补。阴阳离绝，精气乃绝。这是医治现代性疾病的良方，值得今人深省！

（三）气功锻炼

气功在中国历史上，出现时间相当早，古代的原始人，静坐冥想，追求天人合一的心灵境界时，采用内视功夫，逐一发现人体的能源流布。从现在所知的史料来说，中国人最迟在汉代以前就已经建立了比较完整的经络学说和穴位学说；春秋战国以前，社会上就已普遍流行静坐养生之法。我们从《老子》《庄子》《孟子》《管子》中都可以找到证据，证明当时的人对静坐的心灵境界，已经有很深的体会；也可以证明静坐养生之事，在当时已是很普遍的现象。例如在《庄子》一书中的《大宗师》中，曾经写到什么叫"坐忘"。"堕肢体，黜聪明，离形去知，同于大通，此谓坐忘。"人们在深度的静坐冥想中，遗忘了自己的肢体、视力、听力，以及整个形体和三维空间的认识，与超越三维空间的大道浑融为一，这种与万物浑同一体的体验就叫"坐忘"。

汉朝以后，"练气养生之学"与"神仙学"及"阴阳学"合三为一，名为道教的"丹道内功"。影响最大的，即为修炼内丹（人元金丹）的门派，叫"丹鼎派"，葛洪就是此派的代表人物。葛洪在道教中确立了人体以气为本的思想，认为人体离不开气。"人在气中，气在人中，自天地至于万物，无不须气以生者也。"（《抱朴子·内篇·至理》）气，指充满宇宙间极其细微的原始物质，带有功能、信息和能量，自天地至万物没有什么东西可以离开气而存活，即所谓"身劳则神散，气竭则命终。根竭枝繁，则青青去木矣；气疲欲胜，则精灵离身矣"（《抱朴子·内篇·至理》）。他认为在一国之中，民是根本；在一身之中，气是关键。能否养气，决定着人身的存亡。"民散则国亡，气竭则身死。死者不可生也，亡者不可存也。"（《抱朴子·内篇·地真》）所以"审威德所以保社稷，割嗜欲所以固血气，然后真一存焉，三七守焉，百害却焉，年命延矣"（《抱朴子·内篇·至理》）。养生之道以养气为本，养气的最好方式是修炼气功，其修炼的方法，主要是培养内气于小腹丹田之中，温养灵力以后，以之贯通全身气脉，进而延年益寿，到达天人合一的境界。

行气，古人又称"行炁"，是气功锻炼的最佳方式，对强身健体作用很大，"善行气者，内以养身，外以却恶"（《抱朴子·内篇·至理》）。葛洪非常重视行气，对行气的方法颇有研究。他认为行气要在"生气之时"，也就是从子时到午时。练习行气要循序渐进，"初学行炁，鼻中引炁而闭之，阴以心数至一百二十，乃以口微吐之，及引之，皆不欲令己耳闻其炁出入之声，常令入多出少，以鸿毛著鼻口之上，吐炁而鸿毛无动为候也。渐习增转其心数，久久可以至千，至千则老者更少，日还一日矣"（《抱朴子·内篇·释滞》）。行气的最佳状态是达到胎息："其大要者，胎息而已。得胎息者，能不以鼻口嘘吸，如在胞胎之中，则道成矣。"（《抱朴子·内篇·释滞》）行气要注意饮食起居、日常生活、精神情绪的配合："行炁大要，不欲多食，及食生菜肥鲜之物，令人炁强难闭。又禁恚怒，多恚则炁乱，既不得溢，或令人发欬，故鲜有能为者也。"（《抱朴子·内篇·释滞》）

葛洪对气功修炼中的状态曾有极为精彩的描述："吮吸宝华，浴神太清，外除五曜，内守九精，坚玉钥于命门，结北极于黄庭，引三景于明堂，飞元始以炼形，采灵液于金梁，长驱白而留青，凝澄泉于丹田，引沉珠于五城，瑶鼎俯爨，藻禽仰鸣，瑰华擢颖，天鹿吐琼，怀重规于绛宫，潜九光于洞冥，云苍郁而连天，长谷湛而交经，履蹑乾兑，召呼六丁，坐卧紫房，咀吸金英，晔晔秋芝，朱华翠茎，晶晶珍膏，溶溢霄零，治饥止渴，百痾不萌，道遥戊巳，燕和饮平，拘魂制魄，骨填体轻，故能策风云以腾虚，并混舆而永生也。"（《抱朴子·内篇·至理》）这一段形象生动的记载，真是栩栩如生，妙笔传神，极具研究价值。他以亲身体验，总结出气功锻炼的宝贵经验，丰富了古代气功学的宝库，为我国人体生命科学事业的发展作出了贡献。

"有人问我，当今世界上，最尖端的科学技术是什么？我说就是中国气功科学研究会研究的气功。"这是著名科学家钱学森先生说的。他在 20 世纪 80 年代写过很多文章，认为人体科学，包括气功是个潜在的、有重要意义的新学科，需要认真对待，它的发展可能对经济、国防、安全等各方面产生深远影响，甚至影响未来的科学革命。

钱学森先生这些言论，使笔者想起当代最负盛名的科学家爱因斯坦。令主流科学家大为难堪的是，爱因斯坦对超自然现象有浓厚的兴趣，20 世纪 20 年代，他为《精神射电》一书作序。这是一本关于通灵术的书，作者是美国著名作家、通灵术业余研究者普顿·辛克莱。爱因斯坦认为，不能简单地否定辛克莱的研究。

我们不能简单地对待钱学森先生的"言论"，也不能简单地对待爱因斯坦的"浓厚的兴趣"，也不能简单地对待葛洪等古人对人体生命科学的研究，我们要认真地对待中国古代道家道教丰富的教育遗产。

颜之推的教育思想

一、生平及著作

颜之推（531—约590），字介，梁朝金陵人，祖籍琅玡临沂（今山东省临沂市）。出身于世代精于儒学的仕宦之家，世传《周官》《春秋左传》等专门学术，早年得到家传儒学的熏陶，奠定了他一生的学术思想基础。他博览群书，通晓古今，且长于写作，"词情典丽"，得到梁湘东王萧绎的赏识，十九岁任湘东国左常侍，后随萧绎之子萧方诸出镇郢州，掌书记，侯景叛梁时，他险些被杀，被囚送建业。侯景平后，复还江陵。萧绎称帝，以颜之推为散骑侍郎，参加校订史籍。不久西魏攻破江陵，颜之推被俘送长安。次年投奔北齐，颇受重视，官至黄门侍郎、平原太守，齐亡后入周，为御史上士。隋开皇中，太子召为学士，不久，因病而卒。他一生遭遇三次亡国之变，历仕四朝之官，多次险遭杀身之祸，因此深怀忐忑之虑。

晚年为了用儒家思想教训子孙，鼓励子孙继承家业，扬名于世，他定了《颜氏家训》二十篇。这是他一生关于士大夫立身、治家、处事、为学的经验的总结，反映了他所处的时代一部分教育史实，提出了士大夫家庭教育的普遍问题，在封建家庭教育发展史上有重要的影响。后代封建士大夫的家庭教育深受此书的影响，称此书为"家教规范"。全书以说理为主旨，每篇都不是长篇巨制的专论，而是围绕一个中心集合多则的随笔、札记。其写法是先提出思想观点，然后列举若干事例为证据，往往正反对比，爱憎鲜明。语言通俗平易，朴素无华。既不是六朝骈文，也有别于秦汉古文，而是接近当时口语的通俗文。文章写得深入浅出，语短意长，实实在在。范文澜（1961）说："《颜氏家训》的佳处在于立论平实。平而不流于凡庸，实而多异于世俗，在南方浮华北方粗野的气氛中，《颜氏家训》保持平实的作风，自成一家言，所以被看作处世的良轨，广泛地流传在士人群中。"宋代朱熹编的《小学》、清代陈宏谋编的《养正遗规》都曾取材于此书。后人作《家训》皆溯源于此书。故有人认为"古今家训，以此为祖"（王三聘《古今事物考》二）。"六朝颜之推家法最正，相传最远"（袁袠等《庭帏杂录》下）。此外，颜之推还有《文集》三十卷，但已失传。

二、教妇初来，教子婴孩

颜之推写《颜氏家训》，把家庭教育放在首要地位。他从家族利益出发，为了"整齐门内，提撕子孙"，使颜氏家族在政治变动中不致衰败，写此书以教训子孙，讲立身处世之道。他关于家庭教育的思想，主要有以下几点。

（一）教育要及早进行

颜之推认为家庭教育应从胎教开始，纵然做不到胎教，也要及早从幼儿开始，越早越好。他说："古者圣王有胎教之法：怀子三月，出居别宫，目不邪视，耳不妄听，音乐滋味，以礼节之。书之玉版，藏诸金匮。生子咳嗖，师保固明孝仁礼义，导习之矣。凡庶纵不能尔，当及婴稚，识人颜色，知人喜怒，便加教诲，使为则为，使止则止。"（《颜氏家训·教子》，以下只注篇名）他认为及早从婴儿能认识外界的人与事的时候就开始进行教育，该教孩子做的就引导他去做，不该让孩子做的就不让他去做。

为什么教育子弟应该越早开始越好呢？他说："人生小幼，精神专利，长成已后，思虑散逸，固须早教，勿失机也。"（《勉学》）所谓"专利"，是说心志专一；所谓"散逸"，是说思想懒散。他认为应当抓紧精神专一的时期教育孩子，切不可等到长大成人，思虑懒散的时期，才去教育，那就丧失了教育的最佳时机。他还引用了孔子的话"少成若天性，习惯成自然"作为思想理论根据。又引俗谚"教妇初来，教子婴孩"来作为例证，认为要使媳妇屈从于公婆，一入门就要让她遵守家规；同样要使儿童成长为一个理想的人，也应抓住婴儿阶段，先入为主，奠定一个良好的基础。婴幼时期，比较容易接受影响，思想观念还没有形成，接受塑造的可能性最大，性情纯洁，未染恶习，所以说早期教育的效果最佳。

（二）把爱子和教子结合起来

颜之推认为家庭教育应当严格要求，勤于督导，不能一味溺爱和放任，父母在子女面前应当庄重严肃。他说："父母威严而有慈，则子女畏慎而生孝矣。"(《教子》) 父母对子女不可"无教而有爱"，"饮食运为，恣其所欲。宜诫翻奖，应诃反笑，至有识知，谓法当尔。骄慢已习，方复制之。"(《教子》) 如果饮食、言论、行为，让孩子任性放纵，做错事应该训诫孩子却反而奖励，说错话应该斥责却反而置之一笑，等到孩子有了见识，也认为应该如此。结果铸成大错，悔之莫及，于是"捶挞至死而无威，忿怒日隆而增怨。逮于成长，终为败德"(《教子》)。鞭挞至死也难收到效果，越是愤怒越会增加怨恨，等到孩子长大，终究成为败坏德行的人。这就是说，他强调教子要严，反对溺爱偏爱，主张对子女爱得其所，爱得其法，把爱和教结合起来。

他还说："人之爱子，罕亦能均，自古及今，此弊多矣。贤俊者可赏爱，顽鲁者亦当矜怜。有偏宠者，虽欲以厚之，更所以祸之。"(《教子》) 他总结家庭教育的经验说，人们疼爱孩子，很少能够做到适当的。从古到今，在这方面出现了种种弊病。贤能俊秀的自然应该赏爱，就是顽皮愚笨的孩子也应当怜惜。有着偏爱的人，虽然总想着对孩子厚待，但往往却成了给他们带来了祸害的因由。溺爱偏爱，等于害了孩子，给孩子带来了祸害。严于要求，勤于督训，子女才能成器。这个思想是正确的，对现在独生子女的教育问题也是有启发意义的。

(三) 注意环境的影响

颜之推说："人在年少，神情未定，所与款狎，熏渍陶染，言笑举动，无心于学，潜移暗化，自然似之……是以与善人居，如入芝兰之室，久而自芳也；与恶人居，如入鲍鱼之肆，久而自臭也。"(《慕贤》)他很注意周围环境对子女的影响,要求审慎地看待子女左右的人,以防导入歧途。慎重地选择师友,发挥教育习染的积极影响,潜移默化,耳濡目染,日积月累,这是家庭教育的重要一环。他认为在家庭教育中,重要的不在于长篇说教,而在于长辈示范。他把长辈的以身作则、道德榜样所发挥的作用影响,称之为"风化"。他说:"夫风化者,自上而行于下者也,自先而施于后者也。"(《治家》)在这里,"风"与"教"同义。《毛诗序》云:"风,风也,教也。风以动之,教以化之。"他认为这是一种自然的仿效,丝毫不需强制。良好的环境有利于儿童从小培养良好的行为习惯。他的这一思想也是合理的。

(四)重视家庭的语言教育

他认为从小学好语言十分重要。在家庭教育中,子女学习正确的语言,是做父母的重要责任。他说:"吾家儿女,虽在孩稚,便渐督正之。一言讹替,以为己罪矣。云为品物,未考书记者,不敢辄名,汝曹所知也。"(《音辞》)一事一物,若不经过查考,不敢随便称呼。语言教育是基础,不从小对子女进行正确的语言教育,将对子女留下极不好的影响。正因为颜之推重视家庭的语言教育,给他的子孙留下了好的影响,所以他的子孙后代,出现了几位著名的语言文字学家,如颜思鲁、颜师古、颜真卿等。

三、应世经务,德艺周厚

(一)士大夫教育的腐朽空泛

颜之推对世族腐朽空泛的教育是十分熟悉的,他揭露世族子弟依仗门第高贵，游手好闲，不学无术，庸碌无能，知识浅薄，体质衰弱，既不从事劳动，又不爱好学习。他说："或因家世余绪，得一阶半级，便自为足，全忘修学；及有吉凶大事，议论得失，蒙然张口，如坐云雾；公私宴集，谈古赋诗，塞默低头，欠伸而已"，"明经求第，则顾人答策"。(《勉学》)

他认为当时士大夫教育严重脱离实际，培养的人缺乏任事的实际能力。有的虽能品评古今事物，但"及有试用，多无所堪。居承平之世，不知有丧乱之祸；处庙堂之下，不知有战阵之急；保俸禄之资，不知有耕稼之苦，肆吏民之上，不知有劳役之勤，故难可以应世经务也"(《涉务》)。有的虽知一些经书，但"空守章句，但诵师言，施之世务，殆无一可"(《勉学》)。有的虽可著书写文，但"博士买驴，书券三纸，未有驴字"(《勉学》)。这种食古不化、烦琐而不得要领的"博士"，简直令人气塞。他对这种腐朽空泛的士大夫教育和浮伪之弊，揭露犀利，批判深刻，切中时弊，垂戒后世，在中国古代教育思想史上很有影响。

(二) 主张"实学"的教育

颜之推认为士大夫教育必须改革，不应培养清谈家，也不要培养章句之士，更不应培养不学无术的庸碌之辈，而应培养对国家实际有用的人才。根据他的考察，封建国家事务所需要的人才应包括：朝廷之臣、文史之臣、军旅之臣、蕃屏之臣、使命之臣、兴造之臣。从政治家到工程建设管理人员，都应培养。这些人才应专精一职，具有"应世经务"的能力，是对国家实际有用的人才。因此，他"实学"教育的目的是"行道以利世"、"事君以利社稷"。(《勉学》)

为了实现他的教育目的，他认为必须"德艺周厚"。所谓"德"，即恢复儒家的传统道德教育，加强孝悌仁义的教育，他说："孝为百行之首，犹须学以修饰之，况余事乎！""礼为教本，敬者身基"，"强毅正直，立言必信"。(《勉学》)"为善则预，为恶则去，不欲党人非义之事也……如有逆乱之行，得罪于君亲者，又不足恤焉。亲友之迫危难也，家财己力，当无所吝。"(《省事》)所谓"艺"，即恢复儒家的经学教育并兼及"百家之书"。学习儒经，是学习其中立身处世的道理。他说："夫圣贤之书，教人诚孝，慎言检迹，立身扬名，亦已备矣。"(《序致》)这是有助于"德"的。但读书不仅限于《五经》，也应兼及"百家之书"，并学习农、工、商贾等各种技艺知识，以及书、画、数、医、琴、棋、射、投壶等杂艺。他认为这些知识在生活中都有实用意义。他反对知识狭隘、头脑闭塞，主张知识广博，并能在实际生活中灵活运用。他说："夫学者，贵能博闻也"，他反对那些儒生"不涉群书，经纬之外，义疏而已"(《勉学》)。他还主张学习农业生产知识，主张"涉务"，反对脱离社会实际事务，主张增广生活经验，注意经世致用的知识。他的这些"实学"思想，表现了他的独到见解，是有一定的积极意义的。

四、学习态度和方法

颜之推有广博的学识，少年时期就受过家学的训练，成年之后又好学不倦，积累了丰富的治学经验，关于学习态度和方法也提出过一些见解。

（一）虚心

颜之推认为学习目的是"多智明达"，"所以求益"，补自己的不足。因此，他反对骄傲自大、盛气凌人，主张虚心学习。他说："见人读数十卷书，便自高大，凌忽长者，轻慢同列……如此以学自损，不如无学也。"（《勉学》）他反对骄傲浮夸的学风，提倡虚心务实，博学广师，这还是有积极意义的。

（二）惜时

他认为人的一生都要学习，终身接受教育，那么一定要珍惜时光。年幼"固须早教"，少年也不可"失机"，"然人有坎壈，失于盛年，犹当晚学，不可自弃"（《勉学》）。由于客观条件的限制，早年失学，成年以后不能自暴自弃。他列举了历史上很多"早迷而晚寤"的人物，指出他们都因能坚持刻苦学习而有所成就。他说："幼而学者，如日出之光；老而学者，如秉烛夜行，犹贤乎瞑目而无见者也。"（《勉学》）"秉烛"之光，固然比不上"日出"，但较之"目无所见"要强多了。他引用了春秋时期师旷对晋平公所讲的话，这个比喻是很恰当的，使那些不肯学习的人感到惭愧，使那些肯学习的人得到勉励。这种珍惜时光，不以老废学，终身接受教育的思想是很有见地的。

（三）勤勉

他强调学习要勤勉努力，列举了很多古人勤学的例子："古人勤学，有握锥投斧，照雪聚萤，锄则带经，牧则编简，亦为勤笃。"（《勉学》）认为勤学是使这些学士获得成就的原因。他反对那些"优闲"之士，"高谈虚论，左琴右书"。认为即使迟钝的人，只要勤学不倦，也可达到精通和熟练的程度，"钝学累功，不妨精熟"。只有勤勉，才能"博学"；只有勤勉，才能对知识"皆欲根寻，得其原本"。他这种主张勤勉努力、寻根究源的思想是有价值的。

（四）眼学

颜之推重视亲身直接观察获得的知识，他说："谈说制文，授引古昔，必须眼学，勿信耳受。"（《勉学》）眼学，亲眼所见，有切身体会。耳受，则是"道听涂说"，不确切，没有深切感受。所以他对专靠耳闻而得来的学问持怀疑态度，认为耳闻未实，眼见为真。他反对那种"贵耳贱目"、以讹传讹的学风。当然他不是主张一切都要"眼学"，完全排斥"耳受"，认为听闻的知识也是需要的，不过应取存疑态度，不能不问缘由，轻易相信。

（五）切磋

他推崇《学记》的"独学而无友，则孤陋而寡闻"的说法，提倡在师友之间相互切磋，反对"闭门读书，师心自是"。他认为朋友之间相互切磋问难，不仅能解决疑难、丰富知识，而且还可以纠正谬误，使所得知识更为确切。他强调良师益友共同研究切磋、相互起明，这是我国古代一种优良的传统的学习方法。

他提出的这些正确的学习态度和方法，是值得我们认真分析和批判吸取的。

王通的教育思想

一、生平及教育活动

王通（580—617），字仲淹，隋河东郡龙门（今山西省万荣县）人。隋朝经学家、教育家。家庭累世业儒，家学渊源深厚，祖、父辈都是有名的学者。十五岁时学术已有成就，二十岁时西往长安，见隋文帝，上《太平十二策》。文帝虽称赞，但不实行。后被任命为蜀郡司户书佐、蜀王侍读。不久弃官归里，不再愿意出仕为官，一心从事著述和讲学。

王通一生以明王道为己任，希望重兴孔子之学，重振孔子之业。在宇宙观上，他对以董仲舒为代表的天人感应说进行了抨击，使哲学意识形态由天人感应论向理学天理论的转变迈进了一步。在历史发展观上，他以道的主宰代替了天的主宰，成为理学天理史观的前奏。在教育思想上，他仿效孔子，继承了儒家传统的教育观念，并提出了穷理尽性、推诚主静等一套道德教育原则和方法，为理学教育思想的发展作了铺垫。从董仲舒的儒家经学教育思想过渡到宋明理学，王通是一个不可缺少的中间环节，他开了理学某些教育思想的先河。

他一生勤奋讲学，不辞辛苦，乐意为教育事业奋斗，死而后已。他的学生很多，"门人自远而至"，著名的弟子有董常、程远、贾琼、薛收、姚义、温颜博、杜如晦等。王通也结交了许多朋友，其中有当地官吏和后来唐初的名臣，如魏徵等。王通之弟王绩在《游北山赋》中谈到王通的教学活动："白牛溪里，峰峦四峙。信兹山之宜域，昔吾兄之所止。许由避地，张超成市。察俗删诗，依经正史。康成负笈而相继，根矩抠衣而未已。组带青衿，锵锵儒儒。阶庭礼乐，生徒杞梓。山似尼丘，泉凝洙泗。"（《文苑英华》卷九七）这里记载了王通在白牛溪仿效孔子著书讲学的情况。"门人弟子相趋成市"、"弟子捧书北面，环堂成列"，这都说明了他是一位教育实践家。他为国家培养了人才，对大唐开创基业起到了一定的作用。

王通的著作《续六经》是模仿《六经》作的，但已佚。他死后门人私谥之曰"文中子"。

《中说》（又名《文中子》）是模仿《论语》作的，据说是他的门人在记录和追忆基础上整理而成的。其中记录了王通的言论、师生间的问答及弟子间的对话，共十篇。今存《中说》本为宋阮逸注。由于《续六经》已失传，我们研究王通的教育思想只有根据《中说》。

二、国家兴衰得失在于教育

(一) 国家的兴衰在于人，得失在于教

王通把教育作为实现政治理想的手段。他认为教育学生，能以道德学问影响学生，终必有利于社会，有利于国家，这也就等于为政，何必一定要做官呢？他说："父母安之，兄弟爱之，朋友信之，施于有政，道亦行矣，奚为不行？"（《中说·礼乐》，以下只注篇名）他的学生董常说："夫子以续诗续书为朝廷，礼论、乐论为政化，赞易为司命，元经（春秋）为赏罚，此夫子所以生也。"（《魏相》）意思是说王通续写《六经》，是为了政治教化，为了实现政治理想，直承周孔，以"道"济天下。这也就是王通所以生的重大意义。王通辞官归里著书讲学，他说："我不仕，所以才能成就学业。"他认为"天下未有不学而成者"（《礼乐》），教育可使人成才，"居近识远，处今知古，惟学矣乎？"（《魏相》）居在近处而了解远处的事情，处在今天而知道古代的事情，这是由于接受教育的缘故。"天生之，地长之，圣人成之，故天地立而易行乎其中矣。"（《魏相》）所谓"圣人成之"，即是教育的功能，教育可以成就人才、培养人才。他认为天地能生长人而不能抚养人，父母能抚养人而不能成就人，能成就人的只有伟大的教育家孔圣人。（《王道》）可见他对从事教育、培养人才的孔子是如何地向往，也可见他对教育的功能是何等的重视！他强调一个国家的兴衰在于人，得失在于教。（《立命》）人才和教育确是关系国家命运的大事，他的这些见解至今仍有借鉴意义。

（二）生以救时，死而后已

隋朝是中国封建社会由分裂动荡向统一发展转变的关键时期，在经济上与政治上发生了很大变化。与此相适应，反映到意识形态上，产生了以王通为代表的希望解决自身矛盾，实行王道政治，建立一个长治久安的社会的政治理想。因此王通的教育目的在于培养能实现王道政治的人才，他要求这种人才对王道政治充满信念，并决心要为此而孜孜不倦地努力奋斗，"死而后已，得时则行，失时则蟠，此先王之道所以续而不坠也"（《立命》），"生以救时，死以明道"（《周公》），志在天下，志在救时，志在实行王道政治，以周孔自任，做新时代的周公、孔子。他认为，君子得时为政，应学周公；不得时在野，应学孔子著述与教学。

王通说："天下有道，圣人藏焉；天下无道，圣人彰焉。"又说："如有用我者，当处于泰山矣。"（《述史》）意思是说，天下无道，正是圣人君子施展才能的时机。这与孔子说的"用之则行，舍之则藏"（《论语·述而》）的态度有所不同。"有道则藏，无道则彰"大有急流勇进、积极进取之意。可以说，王通所要求的君子比孔子所要求的君子在推行王道上更加积极主动。这是由于时代不同的原因，王通对君子的要求，是适应了隋朝这个新的时代的要求的。

（三）《六经》是主要的教育内容

王通从培养能行王道与事君人才的需要出发，在继承先秦儒家教育内容的基础上，提出了自己的主张。

他把《六经》作为主要的教育内容。他说："《书》以辨事，《诗》以正性，《礼》以制行，《乐》以和德，《春秋元经》以举往，《易》以知来，先王之蕴尽矣。"（《魏相》）意思是说，《书》经的作用在于辨别事理，《诗》经的作用在于端正品性，《礼》经的作用在于制约行为，《乐》经的作用在于谐和道德感情，《春秋元经》的作用在于考察既往的历史，而《易》经的作用在于预测未来，先王之道的蕴奥尽在于此了。

值得提出的是，王通在教育内容中力排鬼神迷信之道。在当时宗教迷信泛滥的时代，能采取"敬而远之"（《天地》）和重视"知人"（《王道》）的态度，是难能可贵的。

此外王通还重视生产劳动的教育，他不仅亲自耕田，而且还告诫学生："天下未有不劳而成者"（《述史》）。他这样重视生产劳动的教育，在古代也是鲜有的。

三、人心惟危，道心惟微

王通继承了中国古代的传统教育思想，把道德教育放在首要地位。他把培养优良的道德品质看得重于传授广博的知识技能。一个学生问他："智可独行乎？"他说："仁以守之，不能仁则智息矣，安所行乎哉？"（《问易》）可见他把道德教育放在高于智育、指导智育的地位。他在《天地》篇也说过类似的话：所谓学者只是能多多诵读么？那一定要贯通道义才行；所谓文人只是能随意写作么？那一定要合于正理才行。智育为德育服务，德育通过智育进行，王通也是坚持这一观念的。

关于道德教育与道德修养的必要性，王通首先阐明了"人心"与"道心"的矛盾和防止"人心"泛滥，以扩充"道心"的问题。他说:"人心惟危,道心惟微,言道之难进也,故君子思过而预防之,所以有诚也。"(《问易》)他认为人的心有两个不同的表现,一为"人心",二为"道心"。"人心"与"道心"是对立的。由于"人心"会抑制、影响"道心"的发挥,因而"道"就很难前进。所以王通提出了"思过而预防之"、"存道心,防人心"、"以性制情"的道德教育的任务。

"人心惟危,道心惟微,惟精惟一,允执厥中"是宋明理学道德教育的理论基础之一,这十六个字在理学的道德教育思想中占有极其重要的地位。而从伪《古文尚书·大禹谟》中将这十六个字抽出来,作为道德教育的主要理论基础的第一个人是王通。

关于道德教育的原则方法,王通提出了以下几点。

(一) 穷理尽性与推诚主静

王通首先提出了"穷理尽性"。他说:"曲而当,和而恕,其穷理尽性以至于命。"(《周公》)又说:"乐天知命,吾何忧?穷理尽性,吾何疑?"(《问易》)他认为道德修养的过程是:知命、穷理、尽性。所谓"尽性",指的是尽先天的善性——仁、义、礼、智、信。这是吸取了孟子的道德修养方法。所谓"穷理",他指的是学《易》,穷理要学《易》,用《易》来穷理,"《易》以穷理,知命而后及也","不学《易》,无以通理"。(《立命》)所谓"知命",他强调的是"知人事",他说:"命之立也,其称人事乎?"(《立命》)这与孟子强调的又有所不同,因为"人事"主要包括的是社会、人事的兴衰废立,社会变化发展的不以人们意志而转移的必然趋势。在知道这个"命"的基础上去穷理尽性,这在当时还是有其现实意义的。

王通还提出了"推诚主静"的道德修养方法。他说："静以思道"，"推之以诚则不言而信，镇之以静则不行而谨"。（《周公》）还说："太和为之表，至心为之内，行之以恭，守之以道。"（《事君》）王通强调推诚、主静、镇静、行恭谨、守道等，为宋明理学家的道德修养方法作了铺垫。王通所强调的推诚主静，是重视动静适中，如他所说："动失之繁，静失之寡"（《关朗》）。说明王通虽讲主静，但不失之过分。

（二）敬慎诚惧与闻过知改

王通还提出敬慎诚惧、自省自克、时刻严格要求自己。《中说》载：王通"闲居俨然。其动也徐，若有所虑；其行也方，若有所畏；其接长者，恭恭然如不足；接幼者，温温然如有就"（《事君》），"切而不指，勤而不怨，曲而不蹈，直而有礼，其惟诚乎"（《问易》）！他提出要时时事事处处严格要求自己，注意个人道德修养，做到行动要缓慢，若有所思；行动要稳重，好像有所畏惧似的，接待年长者要恭敬，接待年幼者要温和，时时谨慎，事事小心，处处诚惧，唯恐有所失。这种"终日乾乾"（《周公》）的修养方法，已经接近宋明理学家了。

王通还继承了古代传统的道德修养的方法：思过迁善、闻过知改。他说："君子思过而预防之，所以为诚也"（《问易》），"痛莫大于不闻过，辱莫大于不知耻"（《关朗》），"过而屡闻，善矣"（《周公》）。虚心听取别人的意见，严格检查自己的过失，待人宽，对己严，这是很难做到的，"我未见见谤而喜，闻誉而惧者"（《天地》），但又是应该要求的，所以他对善于闻过、知过的人，格外赞赏。他还进而要求补过、改过，他说："过而不文、犯而不校，有功而不伐，君子人哉！"（《天地》）他认为文过饰非，不是君子；有过不文饰，争改补过，才是君子！

（三）寡言无争与自知自胜

王通反对多言相争，而主张寡言无争。他认为只有寡言无争才可以少过、息谤、止怨、免祸、远谋、与人久处。他说："多言不可与远谋，多动不可与久处"（《魏相》），"罪莫大于好进，祸莫大于多言"（《关朗》）。并说"无辩"可以"息谤"，"无争"可以"止怨"。（《问易》）

有人问王通：什么叫英雄？他说："自知者英，自胜者雄。"（《周公》）这句话显然是从老子的"自知曰明，自胜曰强"转化而来的，说明他善于吸取各家之长。他认为勇力不为勇，勇于义才算勇，勇于知己和战胜自己才算英雄。一个真正的英雄人物，贵有自知之明，善于认识自我，恰当估计自我，并努力克服自己的不足，超越自我。王通这里等于给"英雄"道出了新意，是很深刻、很精彩的，大大丰富了古代道德教育的观念。

总之，王通对道德教育是十分重视的，他论述了道德教育的必要性以及道德教育的原则方法，提出了关于人心和道心、穷理尽性与推诚主静等思想，开了理学道德教育某些重要观念的先河。

四、君子之学进于道

王通的教学思想是以他的朴素认识论为基础的。他否认了有生而知之的人，认为人之所以为人，就是具有认识能力。他认为任何知识、学问都是后天学习的结果，不是什么"天启之"（《礼乐》），他反对那种主张不学而知、不学而能的先验论观点。

王通认为教学的任务是为了"讲道"。他说："君子之学进于道，小人之学进于利。"（《天地》）求学的目的不在于进利、博诵，而在于进道、贯道，体现"三纲五常"的道义。宋明理学家提出"明道"、"明理"，和王通的"进道"、"贯道"是有联系的。

他有丰富的教学实践经验，概括起来有以下几点。

（一）言志谈心与因材施教

王通效仿孔子，经常与学生言志谈心，深入了解学生的性行、才能，在答问讲论的教学过程中，积极引导，因材施教，如魏徵曾讲过自己的志愿在于辅佐明王，在朝堂上进尽忠诚，知无不言；在平时退思君主的过失，竭力补救。王通鼓励他说：自古以来英明的王岂能无过？只在于能从谏改正就是了。君主失于上，臣子补于下；君子谏于下，君主从于上。这样王道就不会差跌了。（《问易》）王通了解到魏徵的性格正直坚强、敢作敢为、挺拔不挠，处贫贱而不忧惧，即予以指导说：继续加强和发扬优点，再用礼乐来成就你的文采，就是完全的人才了。（《礼乐》）

王通效仿孔子，十分注意观察了解学生，熟悉学生的个性，能用精确地语言概括学生的特点："义也清而在，靖也惠而断，威也和而博，收也旷而肃，逵也明而毅，淹也诚而厉，玄龄志而密，徵也直而遂，大雅深而弘，叔达简而正。"（《天地》）根据学生的实际水平施以不同的教育，发挥学生的特长而弥补其不足，这正是王通的教学特点。

（二）积极进取与专心有恒

王通鼓励学生积极进取，急流勇进，他说过"有道则藏，无道则彰"（《述史》）。他还通过对古人古事的评论，引导学生积极进取，能近取譬。如他推崇王猛有三种行为合于君子之道，即：事上慎密、对下温和、临事果断（《天地》）。他称许谢安简约、王导恭敬、温峤刚毅（《礼乐》）。他也评论过嵇康、阮籍、刘伶、王戎等人的过失；对于谢灵运、沈约、鲍昭、江淹、吴筠、孔珪的文章义理与风格也有评议（《事君》）。他还肯定了曹植"善让"、"达理"并能"自污其迹"，可谓"远于刑名"了。用学生们所熟悉的人物、事件加以评论，便于他们从中汲取合理而有益的东西，积极上进。

他要求学生专心有恒，不杂学。他说他的平生之志在于"愿圣人之道行于时"（《天地》），所以他"不仕故成业，不动故无悔，不广求故得，不杂学故明"（《魏相》），用此精神教育学生意志坚决，行动专一。

（三）广问与议和量力而行

王通在教学上重视广问与议。他说："广仁益智莫善于问，乘事演道莫善于对。非明君孰能广问，非达臣孰能专对乎？"（《问易》）明君达臣如此重视广问专对，师生之间也应效法。王通也重视讨论议论，他说："议，天子所以兼采而博听也，唯至公之主为能择焉。"（《礼乐》）天子公朝共议、相互讨论可以"兼采博听"，那么师生教学更应如此了。

王通谈到量力而行，他说："好成者败之本也，愿广者狭之道也"，有人问立功立言何如，他说："必也量力乎！"（《周公》）意思是说，急于求成的人拼命努力，结果多导致失败；目标过高的人尽力奋斗，结果多成就很少。对于个人来说，关键在于量力，掌握一定的限度，不急于求成，不好高骛远。"君子不责人所不及，不强人所不能，不苦人所不好。"（《魏相》）要根据每个人的能力而行。王通这个意见也是对的。

此外，王通还提出教学要灵活，根据实际情况而变通运用，不能一个模子，一成不变。他说："通其变，天下无弊法；执其方，天下无善教。"（《周公》）"方"即"不变"，指时间、地点、条件、对象变化了，教学方法不能随之改变，那么就不会有"善教"。

（四）唯道所存与度德为师

王通十分重视教师的作用，他说："事者其取诸仁义而有谋乎！虽天子必有师。"不但人必有师，虽贵为天子也必有师。"然亦何常之有，唯道所存。"（《问易》）不但圣人无常师，天子亦无常师。哪里有道，哪里即有师，所以说"天子无常师"！这就已透露了"道之所存，师之所存"的思想端倪，唐代韩愈的"存师卫道"即是在此思想基础上发展而来的。他还主张"度德为师"，即是说一个人当心量不如别人时，便当拜这个人为师。（《立命》）换句话说，教师应有宽广的心怀、高尚的"德"，并掌握儒家的"道"。以"道"与"德"的标准来衡量教师，这就否定了汉以来流行的"唯师是从"、"师云亦云"的思想。

他还继承了孔子"当仁不让于师"的思想，他说："当仁不让于师，况无师乎！"（《关朗》）他也继承了孔子"焉知来者之不如今也"的思想，他说："人能弘道，焉知来者之不如昔也！"（《问易》）他主张坚持真理，并以发展的眼光看待新生的一代，且对学生寄托了殷切的希望。在社会急骤动乱的时代，他能坚信

"来者胜昔"，是十分可贵的。

一个品德崇高、学问广博的教师，本身就有良好的示范性。"有诸己而后求诸人，无诸己而后非诸人。"这样的教师与学生真诚相处，心心相印，切磋砥砺，身教言传效果自然深厚而宏远。王通坚持道义，非礼不仕，敦品积学，以身作则，为国育才，别无所求。他衣服俭洁，摒绝绮罗锦绣；躬耕田亩，不食异物珍品；他的言行举止都为学生所取法，"君子乐其道，群众怀其德"。学生们赞扬他说，老师的教导总能充分满足我们的愿望，"游夫子之门者，未有问而不知，求而不给者也"（《礼乐》）。即在王通的门下，没有问而不知道、求而不给予的。他的许多学生都颇有成就，这是和王通的辛勤培育分不开的。

王通模仿孔子，以孔子为榜样，重视教育、重视人才的培养，在道德教育与教学思想上提出了一些有价值的思想，值得我们研究。

慧能的教育思想①

一、生平与《坛经》

　　慧能（638—713），唐代名僧，俗姓卢，又作惠能，祖籍河北范阳（今涿州市），因父贬官而迁居岭南新州（今广东新兴县）。三岁丧父，家境贫困，成年后以卖柴为生。约在三十岁时，他偶听一客诵读《金刚经》，"心即开悟"，辞母只身离家，寻访佛法，上湖北黄梅东山"参礼五祖"弘忍，他向弘忍提出"唯求作佛"的愿望，并在"佛性"本无差别的回答中显示了高人一筹的见解，随后他又写了一首得法偈，从而被弘忍选为传法人。得传衣法后，因"命如悬丝"的衣法之争，弘忍令其连夜南遁。离开东

---

　　① 中国教育史学科对禅学一直研究不够，本章写作过程中吸取了佛学研究者的成果，特别是《中国佛学之精神》（复旦大学出版社，2009）的作者洪修平、陈红兵二先生的成果，主要在该书第九讲中"慧能南宗与顿悟心性"一节，特此声明并致谢。

山，慧能在广东四会一带隐居了五年，于唐仪凤元年（676年）在广东法性寺披露了得法南遁的行踪，正式剃发出家。第二年移居韶州曹溪宝林寺，在地方官吏及僧尼道俗千余人的拥戴下开堂说法，系统地阐述自己的佛教学说。慧能根据"自性本清净"立说，宣扬"识心见性，顿悟成佛"，是禅宗南宗的创始人。他毕生致力于使烦琐的佛教简洁明了，为各阶层人士所接受，特别是"顿悟成佛"说，更为下层民众所欢迎。弟子甚众，著名者有神会、行思、怀让、玄觉、慧中、法海等。

《坛经》记述了慧能的生平并系统地阐述了慧能独创性的佛教思想，故被禅门后学奉为"经"，又名《六祖坛经》。《坛经》的佛学思想更接近于释迦时代原始佛学的精神；同时它又根植于中国传统文化的土壤之中，深受中国传统思想文化熏陶，成为佛教中国化过程中形成发掘起来的典型的中国化佛教宗派——禅宗的经典性著作。

《坛经》是慧能弟子法海等记录整理的一部语录体著作。成书年代当在慧能在曹溪开堂说法后不久；在以后的年代，《坛经》又不断有所"增损"或"节略"，故形成多种不同的版本。如"敦煌本"，一卷，是20世纪初在敦煌发现的，约写于唐末；"惠昕本"，二卷，为宋初沙门惠昕在宋乾德五年（967年）改定，最初发现于日本都兴圣寺，故又称"兴圣寺本"；"曹溪原本"，一卷，又称"契嵩本"，是北宋沙门契嵩据"曹溪古本"校刊而形成的一种版本；"宗宝本"，一卷，为元广州光孝禅寺住持宗宝于至元二十八年（1291年）编定的一种版本，此本流行最广。

《坛经》不仅是中国禅宗史上具有重要影响的一部经典性著

作，在中国思想文化史上亦占有重要地位。宋元以来一些有代表性的思想家，如北宋的张载、王安石、程颢、程颐；南宋的陆九渊、朱熹以及明朝的王守仁、李贽等，都曾受到以慧能为代表的禅宗佛教的影响。《坛经》还远播日本与朝鲜，后经日本佛教学者弘扬而遍传欧美各国，在思想文化界、宗教界引起巨大的波澜和产生深远的影响。

二、"融摄空有"的禅宗教育理论

东土禅宗五祖弘忍渐趋年迈，一日他召集门徒说："我现在要传心法给你们，请你们每人写一首识心见性的诗来给我看，如果确实发明了本心，那么我就传心法传衣钵给你们。"众门人一致认为"神秀上座是教授师"，只有他才有资格接法呀！在众人的期望下，神秀写出了一首法偈："身是菩提树，心如明镜台；时时勤拂拭，莫使有尘埃。"神秀作为禅宗五祖弘忍的十大弟子之一，因其自身卓越的才华而在弘忍的百千徒众中居于特殊的地位，受到大家的推崇。在这里，神秀将色身、人心比作有形的"菩提树"、"明镜台"，将灭除情欲、物欲，恢复并保持清净的本然之心作为人生的重要任务，要求通过否定尘世生活的价值与意义来保持心地的自然清净，其所表现出来的"真心"论的倾向是显而易见的。所谓"时时勤拂拭"，要求的是依持自性清净心而不断地进行修行。而慧能则针锋相对提出了不同的看法。关于慧能的法偈，现存有不同的记载。

"敦煌本"《坛经》记为两首：其一为："菩提本无树，明镜亦无台，佛性常清净，何处有尘埃。"其二为："心是菩提树，身为明镜台；明镜本清净，何处染尘埃。"但"敦煌本"以后的各种版本《坛经》都将慧能的得法偈记为一首，这首流传极为广泛的偈文是："菩提本无树，明镜亦非台；本来无一物，何处惹尘埃。"这里改动最大的是将"佛性常清净"改为"本来无一物"。其实这种改动并不失慧能的原意，因为"佛性常清净"也具有"佛性空"的意思，它与"本来无一物"一样，发挥的是"般若无所得，无可执着"的思想，也即是"自性本空"的思想。

慧能说："吾所说法，不离自性"，"不明自心，不识本性，学法无益。若明自心，明自本性，即是丈夫天人师"；"本性是佛，离性别无佛……世人妙性本空，无有一法可得。"① 所谓自性，就是人的本性，自性在自身中是清净虚空的，而变化的是心，由此出发，慧能认为只要悟得自性本空，摒弃一切思念，就是"见性成佛道"。换句话说，在慧能看来，佛教所说的一切真理，全在每个人的一心之中，只要于自心中悟得"自性本空"，也就是成佛了。

他反对执着佛性或清净心，他把心与性都理解为不离人们的当下之心念，他把这种心理状态称之为"行直心"，并曾以"无念、无相、无住"来加以概括。

他说："善知识，我此法门从上以来，先立无念为宗，无相为体，无住为本。无相者于相而离相，无念者于念而离念，无住者人之本性。"慧能在这里所说的"念"，可理解为主观的精神现象，即"能缘之心"；"相"可理解为客观的认识对象，即"所缘

---

① 本章所引慧能言论均取自中华书局 1983 年版《坛经校释》。

之境"；"无住"可理解为真心应物、任运随缘的主体超越。

何谓"无念"？慧能说："何名无念？若见一切法，心不染着，是为无念。用即遍一切处，亦不着一切处。但净本心，使六识出六门，于六尘中无染无杂，来去自由，通用无滞，即是般若三昧，自在解脱，名为无念。""善知识，于诸境上心不染，曰无念。于自念上常离诸境，不于境上生心。"

所谓"无念"，就是"若见一切法，心不染着"，这种以实践体验为基础"用即遍一切处，亦不着一切处"的"无念"观点，是慧能禅学教育思想体系的宗旨，故曰"无念为宗"。"无念者，于念而不念"。意思是说，任心自念而不起妄念，亦即有正念而无妄念。这种"无念"要求任心自运，不能起心有任何追求，因为起心即是妄；也不能百物不思，念尽除却，那样无异于草木瓦石，还谈什么人的解脱呢？"无念为宗"实际上是以自己当下之心念为宗。

何谓"无相"？慧能说："善知识，外离一切相，名为无相。能离于相，则法体清净，此是以无相为体。"

所谓"无相"，就是"外离一切相"，"能离于相，则法体清净"。主观的"能缘之心"既"无染无杂"，则客观的"所缘之境"亦能离相离名。能缘和所缘，或者主观和客观，在谈论问题时似有先后次第，但在实证上是同时默契，并相互促进的。以诸法"缘起无自性"的观点，消解附着于缘起法上的虚妄分别之相，使诸法的清净本体显露出来，即是"无相为体"。实际上等于说"诸法以无相为体"，或无相乃诸法之体。这里所说的"无相"是"实相"的另一名称，实即诸法以实相为体。"凡所有相，皆是虚妄"，这是对诸法真实性的否定。诸法既不真，故不可执着。实相无相，性体清净。这是以破邪来显正，以无相之实相来表无相之自心。在破除了诸相之虚幻之后，慧能将心性突显出来，作为人们解脱之依据。

何谓"无住"？慧能说："念念之中不思前境。若前念、今念、后念，念念相续不断，名为系缚；于诸法上念念不住，即无缚也。此是以无住为本。"

所谓"无住"，实际就是使"人之本性与世间善恶好丑，乃至冤之与亲，言语触刺欺争之时，并将为空，不思酬害；念念之中不思前境"。因为消除了妄情妄执，"人之本性"便能从束缚之中解脱出来。超越对立面，处于高度和谐的精神状态之中，随缘应物，任运无碍。这里的"无住"，既有心念迁流不息之义，又有心念不滞留在虚假的诸法上，不执着妄相之义。慧能说的"心不住法即通流，住即被缚"，就是这个意思。"无住为本"也就是以"内外不住，来去自由"的自然任运之心为本。

无住，一切相无住，本身是空。达到一切无住的时候，本身已是妙有，已经直接飞跃到空生妙有。"有"加"无住"，一切是"有"，但"有"是非永恒的，一切非恒性之物相，等于"空"。若能从"有相"当中看到它的非永恒性，那本身就已达到"空"境。色非永恒即是"空"，而"空"又是"有求无执"，求之，但不执着。怎样达到"空"的境界呢？"有求无执"是为"空"。"万法无住相无常，色空原是非我相。若求真假与佛俗，生命只在有无间。"不要执相，抛开我执。这个时候就是法轮常转。

总起来看，慧能的"三无"强调的都是在当下念念无着之中直显自心清净的般若之性。其中的"无念"和"无住"说的都是任心自运的意思，不同之处在于，"无念"重在强调妄念不起，"无住"则是强调正念不断。而这二者又都立足于实相无相的基础之上，缘起性空，即有即空，当体即空。因此，"三无"实际上概括了慧能禅学的"融摄空有"的教育思想理论基础及其特色。可以用"物我两忘、主客不分、能所尽泯"来表述其特色。"三无"告诉人们在修行中遇到外在的境界，心中要无着，好坏善恶都是一场缘，缘聚则有，缘散则无，缘生缘灭，不必烦恼。遇到所有的善恶境，心不要染污，不要执着，如果这样去理解所有的一切，我们就不会因执着于物相而烦恼，就能够持心平正，身心超越，做一个自由自在的人。

三、即心即佛，自在解脱

慧能主张人人有佛性，人人能解脱成佛。他把人心、佛性与佛教的般若智慧结合在一起，并将终极的解脱理想与人们当下的实际努力相结合，要求人们在平常的生活中依自性般若之智而从各种困扰中摆脱出来，以实现禅宗的"即心即佛，自在解脱"的教育目的。

慧能南宗的教育目的，突出的是修行者心的解脱，因而禅宗也称为"心宗"，传禅也称为"传心"，解脱的境界就是心的开悟，开悟就是破我执，当你潜在的直感、你的佛性出现的时候，当你没有带着人为的意识，没有善恶的时候，这时你说的问题才代表你的本性。由于慧能用"无念为宗、无相为体、无住为本"

的理论来释人心佛性，并破除人们的一切执着，包括对"观心看净"的执着，把解脱拉向了人们的当下之心，强调解脱是任心自运，是"内外不住，来去自由"的一种境界，因此这种解脱境界虽不可用语言文字描绘，却内在于每个人的心中，只要自心当下"无相、无念、无住"，"于一切法不取不舍，即见性成佛道"。

由此可见，慧能所说的解脱成佛，实际上是自我在精神上的完全超脱，是人性在自我体悟中的充分实现，是自心摆脱内外一切束缚的自然显现，说到底也就是心灵的自我解脱。所谓"心如不系之舟，任由流行坎止；身似既灰之木，何妨刀割香涂。"

如果说慧能对解脱理想与境界的说明为每个修行者的解脱确立了目标，那么他对"即心即佛，自在解脱"的说明，则通过对人人皆有佛性、众生即是佛的强调，进一步把禅宗理想的教育目的落实到了修行者当下的现实生活之中。

据《坛经》记载，法海初参慧能，就问如何理解"即心即佛"，慧能回答说："前念不生即心，后念不灭即佛；成一切相即心，离一切相即佛。"见法海还似懂非懂，就又作偈一首："即心名慧，即佛乃定，定慧等持，意中清净。悟此法门，由汝习性，用本无生，双修是正。"慧能在这里强调了众生与佛的差别只在自心的一念之中，自心邪念不起，正念不断，不执着任何幻相，便自然与佛不二。他将"即心即佛"比作"定慧等持"，说明"即心即佛"不仅是一个禅宗教育的理论问题，更是一个禅宗教育的实践问题，只有在禅宗教育实践中才能对它有真正的体悟。据说法海"言下大悟"，也作了一首偈曰："即心元是佛，不悟而自屈，我知定慧因，双修离诸物。"表明法海已明白，要用中道正观来超越二元对立以达到对"即心即佛"的体认，不再向心外去作任何求觅，以真正实现自成佛道、自我解脱的目的。

慧能还曾通过佛性的常与无常来说明"即心即佛"的道理，强调直了见性、自在解脱。他说："无常者，即佛性也；有常者，即一切善恶诸法分别心也。"他认为佛性之常就体现在诸法无常之中，离无常法即无"真常性"；诸法无常也就是佛性之常的表现，物物并无"无常"之自性。在破除常与无常的"偏见"中便显示了佛性真正的"常乐我净"之义。慧能正是以这种般若性空的"无言之教、无相之说"来理解佛性义的，在这里他又特别强调了佛性的常乐我净就体现在"一切善恶诸法分别心"之中，也就是恒常的佛性就在念念无常的人心中，是众生当下现实之心的本性。这样的"即心即佛"也为"行住坐卧皆是禅"提供了可能，因为从禅定（常）到行住坐卧（无常）的过渡有了联系的桥梁，禅与生活的结合也就有了可能。慧能南宗正是从"即心即佛"而进一步倡导"佛法无用功处，只是平常无事，屙屎送尿，着衣吃饭，困来即卧"的随缘任运。

在慧能看来，无论是真心还是妄心，都不离自己当下的一念心而存在。起心即妄，任心即真。真心不可求、不可得，本自具有，求之则失。你在使劲"悟"的时候，你就是不对，你就偏了，你就不是把心定在不生不灭的状态了。在无念无忆无着之中，清净本心便自然显现。众生依持自心，不假思虑，不假修持，当下即成佛道。他认为任何对心的思虑或执着都会失却本心，本心者，心之本然也，有本来面目、本来状态之义，任何语言文字的描绘都无法把握此心此境，只有靠每个修行者自己在行住坐卧之中去体悟。这种要求远离文字而注重体悟心证的即心即佛、直了见性，成为慧能南宗独特的鲜明特征之一。

正是由于慧能的"即心即佛"把佛性拉向了人心，把佛拉回了人自身，因而他所说的"自在解脱"也就是人心的自然任运，是人于当下生存中的自性觉悟，而不同于传统佛教的所谓"出世解脱"。慧能南宗的教育目的是以当下的"自在解脱"为其重要特征的，这也是慧能教育思想的特色之一。

四、识心见性，顿悟成佛

"识心见性"是慧能南宗修行方法的总原则。既然自心有佛，自性是佛，那么"识心见性"便能"自成佛道"。这里的"识心"主要有两层意思：一是自识本心有佛，本心即佛；二是由了知自心本来清净，万法尽在自心而自净其心，念念无着，还得本心。后世禅宗一般用"明心"来表示上述二义，似更为贴切。这里的"见性"亦有两层意思：一是了悟、彻见之义，即自见自心真如本性，自见本性般若之知；二是显现义，即通过净心、明心而使自心本性显现出来。识心即能见性，见性即成佛道。因此从根本上说，识心和见性是一回事。这里的"识"、"见"不是一般意义上的认知，而是一种直觉、证悟，是佛教所特有的"现观"、"亲证"，它是一种整体生命的圆融，是自心自性的自我观照、自我显现，是人们自心的自在任运，既没有一个"心"可以识，也没有一个"性"可以见，只有在内外无着之中才能显现本自具足一切的无念、无相、无住的心之本然，因此慧能反对执着心性的观心看净，反对"时时勤拂拭"的修行，强调众生与佛的本来不二，凡圣的区别只在迷悟之不同，而迷悟又只是有念与无念之别。"识心见性"是于"念念无着"之中实现的。

在慧能的禅宗教育思想体系中，识心、见性与开悟、解脱具有相同的意义。"识心见性"既是修行方法，又是解脱手段。同时，它又不离现实的生活。他把心与性的统一落实在人们当下的直觉体悟之中，"识心见性"要求任心自运、内外无着，行"无念"行。"无念"，无的是妄念，即"不于法上生念"，至于正念，是"念念不断"的。正念是"真如自性起念"，是超越真妄的"本念"，即本心、本然之念，亦即人的自家生命的显现。"念念自见，不失本念"，不起妄念，这样的"无念"也就是见性成佛道了。"见性"与"悟"是同义语。慧能说："若起正真般若观照，一刹那间，妄念俱灭，若识自性，一悟即至佛地。"见性是"直了"，悟为"顿"。"顿悟成佛"是慧能禅宗教育思想的另一特色。慧能认为"佛性本无差别，只缘迷悟不同"。他说："不悟即佛是众生，一念悟时众生是佛"，"前念迷即凡夫，后念悟即佛"。在慧能看来，凡夫与佛只在一念之间，成佛不依赖任何禅定、念佛一类的宗教修行，完全在于识心见性，只要自己心中悟到"自性本空"的道理，就可以"顿悟成佛"。所以说慧能的"识心见性"最终落实到了"顿悟成佛"上。

慧能的"顿悟"说，立论之基础是人们当下的现实之心。所谓悟，就是自心任运，就是自心般若智慧性在念念无着中的自然显现，这就决定了"悟"必为"顿悟"，它就在人们当下一念之中实现的。这种"顿悟"显然是不假渐修即能够达到的，因为起

第七 慧能的教育思想

心有修本身就是"有念"，修行求悟这更是一种执着，这显然与"悟"都是背道而驰的。顿悟不假渐修，融修于悟之中，顿悟顿修，顿修顿悟，这是慧能南宗修行方法的最大特点之一，也是与神秀北宗基于"清净心"提出的"时时勤拂拭"而后"悟在须臾"的修行方法的主要区别之一。

慧能有时也提到"顿修"，这主要是为了区别"渐修"。由于顿修的内容是"修无念法"、"行般若行"，因此，"顿修"实际上也就无"法"可修，无"行"可行。这样，慧能把迷悟归之于当下的一念之心，融修于悟中，所谓顿悟顿修、顿修顿悟，其实也就是修而无修、以无修为修、这是慧能南宗顿悟修行方法的又一特点。重体悟心证，将修与证统一于人们当下之心的"行"，从"识心见性"的修行实践上，而不是从教义法理的探究中提出并强调"顿悟"，体现了慧能南宗"直指人心，见性成佛"的禅法特色。

心为本，物为相，就是把心定在本与相中间，就是不增不减，不垢不净，不生不死，似有非有，非实相，非虚相，在突破自我的过程中，你似有似无，你马上就会感到整个思想、整个状态，包括天地人三者的感应不同，在无意识状态下，不落一相、不着一相、无一切相的时候，就完成了一颗心从受物质概念和主观意志的束缚到解放出来的全新飞跃，就是自我解脱，离佛道不远了，大自在已经快了，这就是慧能的"识心见性，顿悟成佛"的修行方法。

由此可见，"心"是慧能禅学的核心概念，慧能所说的"心"是人们当下的现实之心。其所理解的"性"也并非存在于现实人心之外的"真心"，而是人们当下现实之心所具有的"念念无住"的本性，慧能禅宗将"心"的真妄统一于人们当下的现实之心，体现了慧能禅宗"融摄空有"的圆融特征，成为慧能禅宗教育思想的理论支柱。慧能禅宗以众生当下之心的念念无着的解脱，将自心的转迷成悟、自在任运视为解脱成佛，这是慧能禅宗的教育目的观。慧能禅宗将"识心见性，顿悟成佛"作为教育、修行方法的总原则，以自性自悟统摄各种修行活动，反对对传统修行形式的执着，并进而将修行与人们现实的日常生活结合起来，将解脱的追求落实到人们当下的现实生活之中，体现了慧能禅宗关注现实人心、现实人生的人文精神，使得讲求出世的佛教实实在在地立足于小农经济的中国这块现实的土地上，变成了"人间佛教"，实现了"佛法在世间，不离世间觉"的宏旨。

生活在盛唐时期的慧能禅师创立的南宗禅，不仅总结继承弘扬了释迦时代的原始佛学思想，更重要的是，由于他思想清新活泼、简洁明快，又大大地超越并丰富了他以前的佛学思想，调整了佛教与不断变化的情器世间的关系，从而使禅宗成为 8 世纪以来独步天下、历久不衰的中国佛学思想的主体。

第
八

韩愈的教育思想

一、生平和教育活动

　　韩愈（768—824），字退之，唐代河内南阳（今河南孟州市南）人，韩氏郡望为昌黎，韩愈每自称昌黎韩愈，后世称韩昌黎先生，著作有《韩昌黎集》。

　　韩愈是唐代著名的文学家、思想家和教育家。他生当安史之乱后的中唐时期，虽大乱已过，但封建割据势力并没完全被消灭。他主张加强中央集权，反对藩镇割据，要求采取一些缓和阶级矛盾的措施，减轻对人民的剥削。他主张复兴儒学，反对佛老学说，是一位重振儒学的卫道者。他提出以儒家的"道统"来对抗佛教的"法统"。他强调儒学的历史地位和发扬儒学传统的重要性，提出要把儒学所维护的仁义道德作为治国、修身、论事的最高原则，主张罢黜佛老之学，独尊孔孟之道。从董仲舒的儒家神学过渡到宋明理学，韩愈和王通一样，也是一个不可缺少的中间环节，有承前启后的作用。在文学方面，他主张"文以载道"，发起"古文运动"，反对六朝以来的骈体文。他创作了许多散文，如"长江大河，浑浩流转"，为后学之士取为师法，在文学语言发展史上产生了重要影响。

在教育方面，他做过两次国子博士，一次四门博士，一次国子祭酒。《师说》是其早年做四门博士时作，做国子博士时，则有《进学解》等。他对地方教育也很重视，作《子产不毁乡校颂》，歌颂郑子产的不毁乡校。在潮州为刺史时，他曾拿自己的薪俸出来兴办州学。他很热心奖掖后进，凡经他指教过的都称为"韩门弟子"。他当博士讲课时，总是采用多种方式活跃课堂教学，"讲评孜孜，以磨诸生，恐不完美，游以诙笑啸歌，使皆醉义妄归"（皇甫湜《韩文公墓志》），说明他的教学方法生动活泼，能打动学生的心弦。他做国子祭酒时，奏请严选儒生为学官，主张每天都要会讲，整顿国学。当时国子监有位直讲，能讲《礼记》，但容貌丑陋，豪族子弟的学官不与他共食，韩愈命吏召直讲来与祭酒共餐，学官由此不敢贱视这位直讲了。他不仅是一位教育思想家，也是一位有丰富经验的教育实践家。

二、学所以为道

韩愈高举"反佛"的大旗，为了对抗佛的"法统"，他提出了儒的"道统"。他认为这个"道统"由尧舜开始，尧、舜、禹、汤、文、武、周公、孔子，再由孔子传到孟子。他把这个"先王之道"、"圣人之教"的传统系统，称之为"道统"。韩愈以继承孔孟的道统自居。他讲的"道"即是"三纲五常",特别是"仁"和"义"。他说,"仁"既是"博爱",在下位的人对在上位的人要"爱而公"、"和而平"(《原道》),服服帖帖,百般忠顺;"义"即是"行而宜之",一切行为符合社会统治的秩序。他还说,这个"道"在社会、政治、经济、文化、教育的表现是:用儒家的经典《诗》《书》《易》《春秋》教育人民,作为提高道德情操的根据;用"礼"规范人民的行动,用"乐"调节感情、缓和阶级矛盾,用"刑"镇压人民的反抗,用"政"统治人民;君臣、父子、兄弟、夫妇等社会等级秩序不可动摇;"君者,出令者也",皇帝有发号施令的最高统治权力,人民只有"出粟、米、丝、麻,作器皿,通货财",供养统治者。他认为佛教引导人民"外(抛弃)天下国家,灭其天常(伦常秩序),子焉而不父其父,臣焉而不君其君,民焉而不事其事"(《原性》)。他反对佛教,主要是反对其破坏了社会的君臣关系,以及与之相适应的父子、夫妇等伦常关系。他维护儒家"道统",固然反映了他为了争儒家思想的正统地位,但也不否认,其中包含有维护民族文化心理传统的意义。

韩愈认为,教育目的就是"学所以为道",为了学古道,为了传"道统"。恢复儒家传统的仁义之道、"先王之道"、"圣人之教",就是教育的目的。这种"先王之道"、"圣人之教",也就是韩愈所主张的教育内容,包括:诵习儒家经典《诗》《书》《易》《春秋》;谨守"礼、乐、刑、政";顺乎仁义道德和伦常秩序。正如他自己所说的那样:"其所读皆圣人之书,杨墨释老之学,无所入于其心"(《上宰相书》),"始者非三代两汉之书不敢观,非圣人之治不敢存"(《答李翊书》),"口不绝吟于六艺之文,手不停披于百家之编"（《进学解》），"行之乎仁义之途，游之乎诗书之源，无迷其途，无绝其源"（《答李翊书》）。这就是韩愈所主张的教育目的和教育内容。

韩愈认为"道"在人身上的体现就叫"性"。他的人性论是董仲舒"性三品"说的直接承袭，也是对孟、荀等人性论的修正、补充和发展。

他认为人性有三品："性之品有上、中、下三。上焉者，善焉而已矣。中焉者，可导而上下也。下焉者，恶焉而已矣。"（《原性》）他认为人有性有情，性是先天具有的，是善的；情是后天习染的，是恶的。"性也者，与生俱生者也。情也者，接于物而生者也。"性的具体内容有五：仁、义、礼、智、信；情的具体内容有七：喜、怒、哀、惧、爱、恶、欲。他还认为性可移，性的品级不可移："上之性就学而愈明，下之性畏威而寡罪，是故上者可教，而下者可制也，其品则孔子谓不可移也。"（《原性》）

他从性三品说出发，认为上、中品的人可受教育，下品的人虽具有五常之性，但气质太坏，情欲龃龉龈龈而不能节制，五性没有根底，因此不能接受教育，只能以刑罚制之。

他从性情论出发，认为教育的作用在于去掉情欲，使天性得到发展。进行儒家"道"的教育，可使人们先天的仁义道德得到发展，可使"以之为己，则顺而祥；以之为人，则爱而公；以之为心，则和而平；以之为天下国家，无所处而不当"（《原道》）。

韩愈的学生李翱更直接地把"性"和"情"划分二元，发展成为"复性说"，主张教育的作用就是把人的情欲除掉，恢复人性的本来面目，这个观点对后来宋明理学有很大影响。

三、师者所以传道受业解惑也

韩愈认为当时儒学削弱，教育衰败，社会上出现了不重师道的现象，人们"耻学于师"，即以向老师学习为可耻；教师们以为自己的任务也只不过是"习其句读"，即以为只是教学生识字断句而已；而那些"士大夫"贵族老爷们一谈到某人拜某人为师，"则群聚而笑之"，嘲笑那些好学求师的人。为了改变"师道之不传也久矣"的社会风气，他写了《师说》一文（此节引文如无特殊说明，均引自此文），极力提倡师道。这和他推动复兴儒学和新古文运动是一致的，其根本目的是崇儒卫道，为恢复与捍卫儒家的道统而斗争。

他对教师问题的见解，可以概括为以下三个方面。

（一）教师的任务

韩愈说："古之学者必有师。师者，所以传道、受业、解惑也。"所谓"传道"，是指传儒家道统，传儒家的修身、齐家、治国、平天下之道；所谓受业，即授业，是指讲授古文典籍和儒家经典，使学生掌握一定的古籍文献、具有一定的读写能力，受到历史文化知识技能方面的教育；所谓解惑，是指教师在教学过程中不断解答学生们在"道"与"业"两方面的疑惑。他认为这三项是教师的基本任务；而这三项任务是紧密相连的。以传道为首，以授业为次。道统帅业，业体现道。道是主导方面，业是从属方面。在他看来，教师的任务重在传道，古文、六经之类只不过是载道的工具；授业是为传道服务的，传道是通过授业完成的。他认为如果教师只是"习其句读"而不传道，那是"小学而大遗"，即因"小"而失"大"，忘掉了自己的根本任务。很明显，韩愈重师是为了卫道，强调教师的基本任务是为恢复儒道的传统。他这样分析教师的任务是有意义的。把"传道"作为第一位的任务，把"授业"当做第二位的任务，还把"解惑"提到应有的位置，这样排列顺序也是很明确的。这里不仅包含了在传道、授业、解惑的整个教学过程中，教师应起主导作用的意思，而且还包含了寓德育于智育之中、德育通过智育进行的思想。

（二）教师的标准

韩愈认为："生乎吾前，其闻道也，固先乎吾，吾从而师之；生乎吾后，其闻道也，亦先乎吾，吾从而师之。吾师道也，夫庸知其年之先后生于吾乎？是故无贵无贱，无长无少，道之所存，师之所存也。"意思是说，无论社会地位是高还是低，无论年龄是长还是少，谁掌握了道，谁就是教师。如果一个教师没有一定的道，那就不成其为教师，学生"从师"，即"从师道"，是向老师学习其道。为人师，必须忠于道，必须传道卫道；而传道又是通过授业来实现的。所以衡量教师的标准：首先是"道"，其次是"业"。凡是具备了"道"与"业"的，就可以做教师。教师就要在"道"与"业"两个方面加强学习和修养。他的这种看法，也是有意义的。

（三）师生关系

既然他把"道"与"业"作为衡量教师的标准，所以他认为谁先懂得道，谁有学问，谁就是教师，即"弟子不必不如师，师不必贤于弟子，闻道有先后，术业有专攻，如是而已"。由于对"道"的某方面的造诣不同，由于对"业"的某方面的专攻不同，也许学生不一定不如教师，教师也不一定处处比学生高明。他的这一思想是很深刻的，不仅说明了教师不一定是万能的人，不一定是完人，破除了对教师的盲目迷信，解除了"弟子必不如师，师必贤于弟子"的旧观念；而且还反映了闻"道"在先，以"先觉觉后觉"，攻有专"业"，以"知"教"不知"这一教学过程的客观规律。

韩愈还强调"圣人无常师"、"不耻相师"的道理，他引孔子拜郯子（请教官名）、苌弘（请教音乐）、师襄（请教鼓琴）、老聃（请教礼制）为师作例证，提倡人们要向德行高尚、学有专长的人学习，提倡互相为师，谁在某一方面比自己强就拜谁为师。这里既有"能者为师"的观点，又有"教学相长"的含义。他的这一思想有利于扩大师资的来源，有利于推动文化教育事业的发展。

总之，韩愈在阐述教师的任务、教师的标准及师生关系的问题中，看到了道与师、道与业、师与生之间的既矛盾又统一的关系，包含了朴素辩证法的思想。他提出教师既应忠于理想、传播真理，又要学有专长、认真授业；他暗示了教师既要起主导作用，又要重视教学相长、能者为师。这些卓越的见解，不但大大丰富了我国古代的教育理论，而且对我们今天正确理解教师的职责，正确处理政治与业务、德育与智育、教书与育人、教师与学生之间的关系，也具有一定的参考价值与启发意义。

四、千里马常有而伯乐不常有

韩愈认为，人才总是有的，关键在于能否加以识别和扶持。他在《杂说四·马说》一文里，用识马的道理表明识别人才的重要。他说："世有伯乐，然后有千里马。千里马常有，而伯乐不常有。"这说明识马者难得。有识马者然后才会发现千里马。不识马，虽有千里马也被埋没了。"虽有名马"，而"不以千里称也"。由于不识马就不能饲养马。"马也虽有千里之能"，但待遇不公，不能满足它起码的生活要求，因而不能发挥它的才能，"食不饱，力不足，材美不外见"，要同常马一样尚且难办到，怎么要求它能行千里呢？他嘲笑那种不识人才的人："策之不以其道，食之不能尽其材，鸣（之）而不能通其意"，驱策、饲养都不得法，听马鸣也不能了解其意愿，反"执策而临之曰：'天下无马！'"表现出不识马者懵然无知、熟视无睹而又傲然自是的神态。"其真无马邪？其真不知马也！"世上不是没有良马，而是识马者"不常有"。他认为只有善于鉴别而又培养得当，人才才会大量涌现出来。

韩愈这种识别人才与培养人才、使用人才的思想，是孔子"举贤"、墨子"尚贤"思想的新发展，也是对封建贵族那种选人唯贵、用人唯亲的腐朽思想进行的有力批判。封建社会统治阶级浪费人才、摧残践踏人才是十分严重的。韩愈四试于礼部，三试于吏部，十年犹布衣，他才高受屈，又几经贬谪，对于人才问题是有其真切的感受的。他说："大凡物不得其平则鸣。"（《送孟东野序》)《马说》就是他结合自己早期不得志的遭遇而为广大中下层知识分子及一切有才能的人所作的"不平之鸣"。这在中国古代教育思想史上也是有价值的，而且在今天看来仍有其现实意义。

五、业精于勤荒于嬉

韩愈在长期的教学实践中总结了一些教学与学习方法。

（一）勤勉

韩愈在《进学解》中说："业精于勤，荒于嬉；行成于思，毁于随。"意思是说，学业的精进在于勤奋刻苦，学业的荒废在于嬉戏游乐；为人行事的成功在于深思熟虑，而败毁在于因循苟且。

他所说的"勤"，表现为口勤（多吟诵），手勤（多翻阅），脑勤（多思考、多体会），夜以继日地学习。他说："口不绝吟于六艺之文，手不停披于百家之编"，"焚膏油以继晷，恒兀兀以穷年"。（《进学解》）不绝口地吟诵儒家六经文章，不停手地翻阅诸子百家的篇籍，燃上灯烛来接续日光，勤奋以学，长年不懈。这是他对前人治学经验的总结，也是他自己多年治学和教学的宝贵经验的结晶。

（二）求精

韩愈在教学实践中领悟到了博与精的辩证关系。博与精是对立的统一，没有博，就不可能有精；没有精，博也只不过是一种大杂烩。韩愈一方面强调博学，提出"贪多务得，细大不捐"，"俱收并蓄，待用无遗"。（《进学解》）无满足地追求，而又力图有所收获，重大的细微的都不放过，待用而全不遗漏。另一方面，韩愈又要求精约，提出"提其要"、"钩其玄"。这就是说，教学时要提出纲要，让学生把握住要点，引导学生探索其精微之处，融会贯通，领会其精神实质。

韩愈还提出教学要注意系统性，他反对"学虽勤而不繇（由）其统，言虽多而不要其中"（《进学解》）。所谓"不由其统"，就是不由系统方面着手，不解其始末，只是掌握一些支离破碎的知识，这样的知识是没有什么用处的。所谓"不要其中"，是指讲得虽多，而不能抓住问题的关键所在，不切中要害，这样的教学对学生也是无益的。既要注意系统性，又要讲出关键之处，这就要求教师深入钻研教材。他提出"沉浸酝郁，含英咀华"（《进学解》），深入钻研并沉浸在典籍浓厚馥郁的香气之中，细微咀嚼与体味着其中的精华。他认为这样才能提高教学质量，取得良好的教学效果。

（三）独创

韩愈认为"师古圣贤人"，要"师其意不师其辞"（《答刘正夫书》）。以古人为师，不必拘泥于章句文辞，而是要学习古人文章中的思路、方法。如果只会背诵、模仿"古圣贤人"的陈词滥调，那么到头来只不过是一个"剿贼"罢了，所谓"降而不能乃剿贼"。他赞成吸取前人的优秀成果，又反对沿袭剿窃，主张把学习与独创结合起来。他不赞成"踵常途之促促，窥陈编以盗窃"，那种谨小慎微地追随世俗，没有创见地抄袭窃取一些陈旧书籍，是没有出息的。他赞成要有自己的真知灼见，"抒意立言，自成一家新语"（《旧唐书·韩愈传》），并且能"闳其中而肆其外"（《进学解》），学问博大精深，形式丰富多彩，风格雄浑豪放。他鼓励创造性人才，"能者非他，能自树立，不因循者是也"（《答刘正夫书》）。韩愈在文学上的高深造诣，能够造语生新，独具风格，自成一家，就在于他能很好地把学习与独创结合起来。

韩愈提出的"业精于勤"、"提要钩玄"、"含英咀华"、"由统要中"、"师意不师辞"以及"闳中肆外"等教学与学习方法，是一些符合教学与学习规律的正确见解，可以作为我们进学的参考。

柳宗元的教育思想

柳宗元（773—819），字子厚，河东（今山西省永济市）人，唐中期著名的思想家、文学家、教育家。他二十一岁考中进士后，便广事交游，显示出渊博的学识和惊人的才华。后王叔文、王伾发起"永贞革新"，力图在政治、经济、军事等方面进行改革，以打击豪族地主集团以及与之相勾结的宦官、藩镇等反动势力，柳宗元是这个进步的政治集团的主要成员。但改革只进行了一百多天，就遭到旧势力的猛烈反击而失败。柳宗元被贬为永州（今湖南永州市）司马，后又改任柳州刺史。

柳宗元继承和发展了荀况、王充的思想，驳斥了天有意志、能赏功罚祸的观点。他反对贵族特权，重视人民的力量和权利。他反对消极出世，提倡积极关心现实，为社会大众服务。他在世界观方面的重物倾向，在政治观方面的民主倾向，在人生观方面的积极入世倾向，以及他坚持的"进也锐而不滞"、"退也安而不挫"的精神，在中国古代思想史上是有其卓越地位的。

他也是古文运动的积极支持者，他在文学上的成就是多方面的，他的文学作品具有强烈的思想内容和现实主义精神，他的笔锋在不少地方震撼了封建统治，在教育鼓舞人民关心现实、反抗压迫、战胜自然等方面是有着相当的积极意义的。

他也从事教育活动，指导许多学生学习和写作。经过他的悉心指点讲授，学生们的知识水平和写作水平迅速获得提高。"衡湘以南为进士者，皆以子厚为师，其经承子厚口讲指画为文词者，悉有法度可观。"（韩愈《柳子厚墓志铭》）。还有不少人是通过通信方式向他请教的。

他的著作有《柳河东集》。

一、"生人之意"与"济世安民"

柳宗元的教育目的也是培养君子。他说："伊尹以生人为己任，管仲豎浴以伯济天下，孔子仁之，凡君子为道，舍是宜无以为大者也。"（《柳河东集·与杨诲之第二书》）他认为君子爱民济世要像伊尹、管仲、孔子一样，具有"生人之意"的政治理想，有爱民济世之志趣和节操，有"济世安民"的才能。

值得注意的是，柳宗元所说的君子，除正统儒家学者经常讲的"忠君、孝亲"那一套标准之外，他更强调以能否符合"公之大者"的政治要求、是否具有"生人之意"的政治理想为标准。他的"道"与韩愈的"道"是不完全相同的。他认为只有"当"于"生人之意"的东西才是"道"。他说："当，斯尽之矣；当也者，大中之道也"，"吾道之尽而人化矣"。（《断刑论》下）。这个"道"实际上指的是以"生人"为对象的"济世之道"。所谓"生人"即"生民"（人民），《荀子·礼论》用过这一名词。"生人之意"是作为政治理想提出来的，也是教育目的和君子的标准。他要求君子要爱民，不要忘记"生民"的患难，要做出有益于"生民"的事情，积极关心"生民"并为"生民"服务，这才具备"圣人之道"。因此，他说："圣人之道，不穷异以为神，不引天以为高；利于人，备于事，如斯而已矣。"（《时令论》上）

柳宗元认为君子的历史使命是"行道"，当显达时就要把自己的抱负和本领贡献出来，以利于"济世安民"。他认为"取道之原"需要有所本或有所准绳。这也就是他的教育内容的主张。他说："本之《书》以求其质，本之《诗》以求其恒，本之《礼》以求其宜，本之《春秋》以求其断，本之《易》以求其动，此吾所以取道之原也。参之《谷梁氏》以厉其气，参之《孟》《荀》以畅其支，参之《庄》《老》以肆其端，参之《国语》以博其趣，参之《离骚》以致其幽，参之《太史公》以著其洁，此吾所以旁推交通而以为之文也。"（《答韦中立论师道书》）意思是说，《书》经蕴藏着道的实质，《诗》经体现了道的永恒原则，《礼》经规定了"行道"者的行为规范和准则，《春秋》经是判断是非善恶的尺度，《易》经是处理一切事物运动变化的指导方法，这五经是教育的基本内容。君子必须以儒家五经为本，参考诸子百家之书，如《谷梁传》《孟子》《荀子》《老子》《庄子》《国语》《史记》《离骚》等，在此基础上，"旁推交通"，学识通达。

这说明柳宗元主张教育内容以儒家五经为本，但不株守儒家之言，对诸子百家采取兼容并纳的态度，甚至对佛学，他认为有合于《易》《论语》者可取；对于《列子》，他认为有近于《易》

"遁世无闷"之意者可取；对于道家，他认为"自然之义"可取。这也是与韩愈不完全相同的地方。

二、"交以为师"与"以师为友"

柳宗元对于师道问题，发表了不少议论。他说："孟子称，人之患在好为人师。由魏晋以下，人益不事师，今之世不闻有师，有则之哗笑之以为狂人"（《答韦中立论师道书》）。魏晋南北朝时期，由于儒学受到玄学、佛学的冲击，因而师道也就不那么受到重视了。唐以后儒学重振，但旧风气积重难返，所以韩愈写了《师说》，说"师道之不传也久矣"。柳宗元是称赞韩愈的《师说》的，他说："独韩愈不顾流俗、犯笑侮，收召后学，作《师说》，因抗颜而为师……愈以是得狂名。"（《答韦中立论师道书》）他同意韩愈的"师道论"，认为师道是很重要的。他说："不师如之何，吾何以成？不友如之何，吾何以增？"（《师友箴》）他深感建立师生关系在传道与授业中的重要性，并对当时社会上层士大夫"耻于相师"的风气感到痛心。他说："举世不师，故道益离"，"道苟在焉，佣丐为偶；道之反是，公侯以走"。（《答韦中立论师道书》）不重师道，道就容易被抛弃；道存，即使奴仆和乞丐也可以和他交朋友；道不存，即使公侯也不必理睬他们。可见他是把"师"和"道"联系在一起的。在这一点上，他与韩愈的见解是一致的："道之所存，师之所存也。"（《师说》）

他对教师的要求是严格的，认为师是不易求得的，他多次不肯接受别人请他为师的要求，说"仆道不笃，业甚浅近"，或说

"不足为"、"慎而不为"等。他不愿任师之名，这可说是谦虚，也是把师道看得特别重。同时他又觉得自己是一个贬官罪人的身份，常受到政敌种种造谣污蔑，如果再大张旗鼓招收学生，更会供给政敌以攻击的资料，因此他不愿公开建立师生的名义。然而，实际上他却竭诚地指导着许多人的学习，默默地承担起教师的崇高责任。《新唐书·柳宗元传》说："南方为进士者，走数千里从宗元游，经指授者，为文辞皆有法。"他力避为师之名，主张"交以为师"。他说："世久无师弟子，决为之，且见非、且见罪。"（《报袁君陈秀才避师名书》）他还说："仆之所拒，拒为师弟子名，而不敢当其礼者也。若言道、讲古、穷文辞，有来问我者，吾岂尝瞑目闭口耶？……苟去其名全其实，以其余易其不足，亦可交以为师矣。如此无世俗累而有益乎己，古今未有好道而避是者。"（《答严厚舆秀才论为师道书》）意思是说，他所拒绝的只是师、弟子的名义，不敢接受以尊师之礼来对待。如果有人要求讨论政治、历史、学术和写作，那怎能白眼相待、闭口不理呢？若免去师、弟子的虚名，而实际上保持着师友关系，取长补短，相互为师，那么既免掉了世俗的麻烦，彼此又可得到教益，古往今来凡是追求真理的人，是没有一个不愿意这样做的。

他的"交以为师"的见解，以师为友，把师生关系变为师友关系，这里包含有学术讨论上的民主、平等的因素，比韩愈的"闻道有先后，术业有专攻"的见识又前进了一步。当然，他的"交以为师"的思想是针对有一定学识水平的成人而言的，不是针对少年儿童讲的。

三、"文以明道"与"顺天致性"

（一）文以明道

柳宗元说："君子学以植其志，信以笃其道。"（《送薛判官量移序》）可见柳宗元是重视教育功能的。通过后天的教育与学习树立高尚的志向，笃信力行伟大的理想，这就是他的"学以明道"的思想。

与此同时，他还提出"文以明道"。在唐代的古文运动中，他与韩愈齐名，他支持韩愈的"文以载道"的主张。他说："然圣人之言，期以明道，学者务求诸道而遗其辞，辞之传于世者必由于书。道假辞而明，辞假书而传。要之，之道而已耳。"（《报崔黯秀才论为文书》）由此可知，他不但主张"文以载道"，而且进一步主张"文以明道"了。他还说过："文者以明道，是固不苟为炳炳烺烺，务采色，夸声音而以为能也。"（《答韦中立论师道书》）这就是说，文章是为阐明道理服务的，不能片面地追求形式漂亮、文采华丽、音节动听。这就是主张思想内容重于艺术形式。"学以明道"与"文以明道"，指出学习、教育、写作的重点在于明"道"，这也是他教育思想的一个重要特点。

（二）顺天致性

柳宗元认为教育儿童的根本办法是"不害甚长"、"不抑耗其实"，这是一种自然主义倾向的教育思想。他写了一篇文章叫《种树郭橐驼传》，记述了长安西乡一位以种树为业的老年农民，实际上是个农艺家，他因为能适应树木生长的自然规律，所种树木无不生长得很好，因而长安地区那些营造园林、经营果木的人，都争着聘请他去帮助种植。有什么经验呢？郭橐驼答曰："非能使木寿且孳也，能顺木之天，以致其性焉尔。"按照树的生长的自然规律去管理，"不害其长"，就能使树"硕茂"、"早实"、"蕃殖"。如果"爱之太恩，忧之太勤，旦视而暮抚"，甚至"爪其肤以验其生枯，摇其本以观其疏密，而木之性日以离矣"，这样"虽曰爱之，其实害之；虽曰忧之，其实仇之"。他讲的是种树，其实指的是育人。所谓"吾向养树得养人术"。教育学生的根本方法在于注意学生身心自然发展的规律，不妨害其自然成长。对学生如果爱之太殷，忧之太勤，干出一些违反学生身心发展规律的事，从主观动机说，虽曰爱之，从客观效果来说，其实害之。这里他表达了"养人术"主张："顺木之天，以致其性"，按照自然规律教育学生，不能太过或不及，更不能人为地束缚或戕害儿童的发展。他这里有着道家崇尚自然、无为而治的影响痕迹，表现了他对封建教育对儿童的束缚或戕害的严重不满。近代龚自珍写的《病梅馆记》就是受其影响。

（三）博采众长

柳宗元是主张广泛学习、博采众长的。他虽主张以五经为本，把五经当做"取道之原"，但他认为主要是从五经中吸取某些原则方法，而不能把它当做教条。他甚至敢说："圣人之道，不益于世用。"（《与杨京兆凭书》）他主张"读百家书，上下驰骋"，而坚决反对盲目崇古与摹拟剽窃。他是主张博采众长而自铸伟词的，他严厉批评了当时"荣古虐今者比肩迭迹"以及"为文之士亦多渔猎前作，戕贼文史，抉其意，抽其华"等现象。（《与友人论为文书"）他极力推重韩愈的文章，肯定了韩文的摆脱束缚和创造性。

他主张把学习与批判结合起来，对古代文化遗产采取批判吸取的态度。他对《国语》就是采取这样的态度。《国语》是先秦传下来的一部重要的历史著作，有一定的史料价值，但是对不少历史现象的解释却夹杂着神权迷信和维护贵族特权的观点。他对《国语》的"务富文采，不顾事实，而益之以诬怪，张之以阔诞"提出过严厉批判，说这好比"用文锦覆陷阱也，不明而出之，则颠者众矣"（《答吴武陵论非国语书》），那些错误观点在漂亮文辞掩盖下更容易迷惑人。另一方面，他对《国语》又加以肯定，说"参之《国语》以博其趣"，承认《国语》的史料价值与艺术特点。这就是说，"陷阱"要揭露，"文锦"还值得借鉴。这种批判吸取文化遗产的态度，正是柳宗元的重要的教育思想。

所以柳宗元说，衡量一个人才的素质如何，要从四个方面去考察，即所谓"语其德"、"举其理"、"言其学"、"称其文"（《答问》）。为了在道德、理论、学问、文章四个方面成为卓越的"行道"人才，必须广泛学习、博采众长、批判吸取一切有价值的东西，把学习与独创结合起来。

（四）奋志厉义

唐德宗贞元十四年（798 年），当时的国子司业阳城（字亢宗）被贬为道州刺史，太学生深为不平，群集宫门请愿，竟达数日之久。柳宗元当时为集贤殿正字（在宫廷负责编纂校订图书），致书太学生，对他们的正义行动表示同情和支持，说"不意古道复形于今"（《与太学诸生喜诣阙留阳城司业书》）。他还说，少时本想进太学，但听说太学学风不好，就不敢去了，现在诸生"奋志厉义，出乎千百年之表"，可能是"阳公之渐渍导训明效所致"。他赞扬阳城"能并容善伪，来者不拒"，反对有人对阳城"过于纳汙，无人师之道"的责备。在当时的专制政治下，他敢于出来支持鼓励太学生"奋志厉义"，作正义的斗争，并称赞对学生采取"来者不拒"的态度，这不能不说是一种进步教育思想的表现。

此外，柳宗元对于当时科举中"交贵势、侍亲戚"的现象也进行了批判。

总之，柳宗元关于"生人之意"、"交以为师"、"文以明道"、"顺天致性"、"博采众长"以及"奋志厉义"的见解，在中国古代教育思想史上是有价值的。

参考文献

[1] 陈德安. 2008. 中国道家道教教育思想史：先秦至隋唐卷 [M]. 北京：社会科学文献出版社：331 - 364.

[2] 范文澜. 1961. 中国通史简编 [M]. 修订本. 北京：人民出版社：528.

[3] 高时良. 2003. 中国教育史纲：古代之部 [M]. 北京：人民教育出版社.

[4] 郭齐家，等. 1992. 中外教育名著评介 [M]. 济南：山东教育出版社.

[5] 洪修平，陈红兵. 2009. 中国佛学之精神 [M]. 上海：复旦大学出版社：244 - 263.

[6] 鲁迅. 1973. 魏晋风度及文章与药及酒之关系 [M] //鲁迅全集：第三卷. 北京：人民文学出版社.

[7] 马秋帆. 1988. 魏晋南北朝教育论著选 [M]. 北京：人民教育出版社.

[8] 毛礼锐. 1987. 中国古代教育家传 [M]. 北京：北京师范大学出版社.

[9] 毛礼锐，等. 1983. 中国古代教育史 [M]. 北京：人民教育出版社.

[10] 毛礼锐，沈灌群. 1985 - 1988. 中国教育通史：第 1 - 5 卷

［M］．济南：山东教育出版社．

［11］沈灌群，毛礼锐．1989．中国教育家评传：第1－3卷［M］．上海：上海教育出版社．

［12］孙培青．1993．隋唐五代教育论著选［M］．北京：人民教育出版社．

［13］孙培青．2009．中国教育史［M］．上海：华东师范大学出版社．

［14］孙培青，李国钧．1995．中国教育思想史：第1－3卷［M］．上海：华东师范大学出版社．

［15］王炳照，等．2008．简明中国教育史［M］．4版．北京：北京师范大学出版社．

［16］王炳照，阎国华．1994．中国教育思想通史：第1－8卷［M］．长沙：湖南教育出版社．

［17］熊承涤．1986．秦汉教育论著选［M］．北京：人民教育出版社．

［18］杨荣春．1985．中国封建社会教育史［M］．广州：广东人民出版社．

［19］张鸣岐．2000．董仲舒教育思想研究［M］．北京：人民教育出版社．

出版人　所广一

策划编辑　刘　灿

责任编辑　刘　灿

责任校对　贾静芳

责任印制　曲凤玲

图书在版编目(CIP)数据

中国教育的思想遗产:回望汉唐/郭齐家著. —
北京:教育科学出版社,2012.1(2014.8重印)
ISBN 978 - 7 - 5041 - 5587 - 0

Ⅰ.①中…　Ⅱ.①郭…　Ⅲ.①教育思想—思想史—
研究—中国—汉代　②教育思想—思想史—研究—中国
—唐代　Ⅳ.① G40 - 092.2

中国版本图书馆 CIP 数据核字(2011)第 273837 号

中国教育的思想遗产:回望汉唐
ZHONGGUO JIAOYU DE SIXIANG YICHAN:HUIWANG HAN TANG

出版发行　**教育科学出版社**

社　　址	北京·朝阳区安慧北里安园甲9号	市场部电话	010 - 64989009
邮　　编	100101	编辑部电话	010 - 64981245
传　　真	010 - 64891796	网　　址	http://www.esph.com.cn

经　　销	各地新华书店		
印　　刷	北京中科印刷有限公司		
开　　本	140 毫米 ×214 毫米　32 开	版　　次	2012 年 1 月第 1 版
印　　张	4.25	印　　次	2014 年 8 月第 2 次印刷
字　　数	87 千	定　　价	15.00 元

如有印装质量问题，请到所购图书销售部门联系调换。